Cartomancia

Descubriendo los secretos de la adivinación usando naipes

© Copyright 2024

Todos los derechos reservados. Ninguna parte de este libro puede ser reproducida de ninguna forma sin el permiso escrito del autor. Los revisores pueden citar breves pasajes en las reseñas.

Descargo de responsabilidad: Ninguna parte de esta publicación puede ser reproducida o transmitida de ninguna forma o por ningún medio, mecánico o electrónico, incluyendo fotocopias o grabaciones, o por ningún sistema de almacenamiento y recuperación de información, o transmitida por correo electrónico sin permiso escrito del editor.

Si bien se ha hecho todo lo posible por verificar la información proporcionada en esta publicación, ni el autor ni el editor asumen responsabilidad alguna por los errores, omisiones o interpretaciones contrarias al tema aquí tratado.

Este libro es solo para fines de entretenimiento. Las opiniones expresadas son únicamente las del autor y no deben tomarse como instrucciones u órdenes de expertos. El lector es responsable de sus propias acciones.

La adhesión a todas las leyes y regulaciones aplicables, incluyendo las leyes internacionales, federales, estatales y locales que rigen la concesión de licencias profesionales, las prácticas comerciales, la publicidad y todos los demás aspectos de la realización de negocios en los EE. UU., Canadá, Reino Unido o cualquier otra jurisdicción es responsabilidad exclusiva del comprador o del lector.

Ni el autor ni el editor asumen responsabilidad alguna en nombre del comprador o lector de estos materiales. Cualquier desaire percibido de cualquier individuo u organización es puramente involuntario.

Su regalo gratuito

¡Gracias por descargar este libro! Si desea aprender más acerca de varios temas de espiritualidad, entonces únase a la comunidad de Mari Silva y obtenga el MP3 de meditación guiada para despertar su tercer ojo. Este MP3 de meditación guiada está diseñado para abrir y fortalecer el tercer ojo para que pueda experimentar un estado superior de conciencia.

https://livetolearn.lpages.co/mari-silva-third-eye-meditation-mp3-spanish/

¡O escanee el código QR!

Tabla de contenidos

INTRODUCCIÓN 1
CAPÍTULO UNO: EL ARTE DE LA CARTOMANCIA 2
CAPÍTULO DOS: ELEGIR UN MAZO 12
CAPÍTULO TRES: SIMBOLISMO Y SIGNIFICADOS 21
CAPÍTULO CUATRO: PLIEGOS Y DISEÑOS 34
CAPÍTULO CINCO: COMBINACIONES Y CARTAS INVERTIDAS 45
CAPÍTULO SEIS: REALIZACIÓN DE UNA LECTURA 55
CAPÍTULO SIETE: EJEMPLOS DE LECTURAS 65
CAPÍTULO OCHO: LECTURAS INTUITIVAS 72
CAPÍTULO NUEVE: CARTOMANCIA AVANZADA 81
CAPÍTULO DIEZ: DIFERENTES ENFOQUES DE LA CARTOMANCIA 88
CONCLUSIÓN 95
VEA MÁS LIBROS ESCRITOS POR MARI SILVA 97
SU REGALO GRATUITO 98
REFERENCIAS 99
FUENTES DE IMAGENES 101

Introducción

Durante mucho tiempo, muchos han recurrido a las cartas para adivinar los secretos de la vida. Hay una buena razón por la que las personas han confiado en las cartas para obtener las respuestas que buscan y para recibir orientación en la vida, y es porque, cuando sabes cómo trabajar con estas cartas, las respuestas que recibes pueden tener un profundo impacto en tu vida.

En este libro, descubrirás todo lo que necesitas saber sobre la cartomancia y cómo convertirte en un profesional. A diferencia de otros libros en el mercado, este libro está escrito en un castellano fácil de entender. Te ofrece instrucciones prácticas sobre cómo perfeccionar este oficio. No te vas a quedar confundido sobre qué hacer en ningún momento. Esto se debe a que el libro ha sido escrito para garantizar que, tanto si eres un principiante como un experto en cartomancia, sabrás exactamente qué hacer en cada momento.

Aprenderás todo sobre este oficio, desde su rica historia hasta los significados de las cartas con las que trabajarás para aclarar tu vida. Si bien este libro no promete enseñarte cómo predecir el futuro a la perfección, te ayudará a aprender cómo puedes sentir las energías de las cartas y usarlas para asegurarte de que siempre tomes las decisiones correctas en tu vida que te llevarán a los resultados positivos que buscas, ya sea en tus finanzas, amar la vida, la salud o cualquier otro asunto.

Si estás absolutamente listo para comenzar a comprender la vida que has vivido, y si estás preparado para llevar tu vida al siguiente nivel eligiendo el curso de acción correcto para obtener las cosas que deseas, entonces dirígete al capítulo uno.

Capítulo uno: El arte de la cartomancia

Las cartas del tarot se utilizaban como una forma de adivinación[1]

Érase una vez en Europa...

La primera vez que existieron los naipes fue en Europa en la década de 1360, particularmente en Alemania Oriental e Italia Central. En 1371, estas cartas estaban en España, donde se conocían como *naipes*, que los españoles siguen llamando a estas cartas hasta el día de hoy. Por aquel entonces, Fernando de la Torre diseñó una forma especial de las cartas. Según él, estas cartas permitían predecir su fortuna. Le dijo a la gente que podían averiguar quién los anhelaba más, quién era el más admirado y deseado, y muchas otras cosas. Los españoles se referían a adivinar el futuro como *echar la fortuna*. Este es el registro más antiguo de este término que se usa en relación con el juego de cartas.

No está claro cómo la gente usaba las cartas para predecir su fortuna. Al menos no hubo explicaciones claras hasta más de 150 años después. Sin embargo, antes de eso, las cartas se clasificarían con los dados y otros métodos de adivinación como *sortilegio*, una palabra para brujería, a menudo utilizada explícitamente para describir la adivinación. Giovanni Francesco Pico Della Mirandola, un italiano, escribió apasionadamente contra el arte de la adivinación en 1506. En sus escritos, incluyó imágenes que formaban parte de juegos de cartas, calificándolas de abominables. 48 años más tarde, Martín de Azpilcueta, un sacerdote español, declararía oficialmente todas las cartas (también conocidas como cartas) como malas y el proceso de adivinación usando estas cartas como pecaminoso y sujeto a condenación. Además, Juan Pérez de Montalván creía que adivinar a través de las cartas era brujería.

Desafortunadamente, ninguno de estos hombres hacía una descripción clara de cómo se usaban las cartas para predecir fortunas. Por esta razón, no está claro si estaban hablando de cartomancia o condenando algo completamente diferente. En el siglo XVI, ciertos libros se dedicaban a la adivinación, que se podían usar para entender las cartas y otras cosas como dados y ruletas. Estos libros tenían imágenes en las cartas, que no jugaban un papel importante en la adivinación y no podían clasificarse como cartomancia.

Un popular y sencillo libro de la fortuna de cartas impreso en 1505 es el Mainzer Kartenlosbuch. Este libro conecta cada una de las 48 cartas de la baraja alemana con una fortuna escrita en ocho líneas. Curiosamente, estas fortunas eran simplemente adaptaciones de algún otro libro de fortuna anterior que no se basaba en cartas. La forma en que la gente consultaba este libro era primero sacar una carta y luego mirar el libro para averiguar su fortuna. Alternativamente, adjuntaban una ruleta al libro, que se dividía en 48 partes diferentes, cada una con el nombre de la carta. Muchos de estos libros europeos de finales del siglo XV y del siglo XVI fueron producidos y escritos en varios idiomas.

Simultáneamente, el primer registro de adivinación por tarot sería durante ese siglo. Teófilo Folengo, también conocido como Merlín Coccai, dejó constancia de esta adivinación en su interesante alegoría, Caos del Triperuno, que escribió en 1527. Los participantes en la lectura habían explicado el significado de las cartas que habían recibido a un personaje llamado Limerno. Querían que les escribiera sonetos basados en las cartas que habían sacado. Limerno les complacía. Esta era una obra de ficción, pero está claro que Teófilo tenía algunas ideas sobre cómo se podían usar las cartas para averiguar lo que la vida podría deparar, y este es el objetivo final de la cartomancia. Este es un momento tan bueno como cualquier otro para especificar que la cartomancia no debe tratarse como una forma de adivinar tu fortuna o predecir al pie de la letra cómo funcionarán las cosas para ti en un día en particular o con respecto a una situación específica. En su lugar, piensa en las lecturas más como una guía y no como la ley definitiva sobre lo que te sucederá.

Otro registro sobre cartomancia es de 1538, gracias a Juan Luis Vives, quien explicó por escrito que se podía considerar la imagen de una carta como un signo de su futuro. Escribió una escena que mostraba a dos personas jugando a las cartas que aludía a esta idea. Por supuesto, el concepto de adivinación se tocó casualmente en esta escena, pero eso implica que esto debe haber sido algo común que ocurría en ese entonces. En aquellos tiempos, mirar las cartas para enterarse de lo que vendría no era novedoso.

Las primeras lecturas registradas

Las lecturas reales de las cartas comenzarían a aparecer a principios de 1600. De estos tiempos, existen los primeros registros de cómo adivinar el futuro con cartas, y una de las primeras explicaciones del proceso fue escrita por sir John Melton. Escribió *Astrologaster*, o *The Figure Caster*, en 1620. Continuó hablando de cómo Henry Cuffee encontró su fin por ser traidor en 1601 y que algún mago ya había predicho su muerte 20 años antes usando cartas. El mago le había pedido al desafortunado Henry que eligiera tres cartas de una baraja con todos los bribones. Luego colocó las cartas una tras otra sobre la mesa, boca abajo. Después de esto, se le pidió que eligiera una, luego otra, y mirara la cara de cada carta. El registro indica que cuando Henry miró las cartas, no estaba viendo a Knaves. Su propia cara le devolvió la mirada desde la primera carta, la segunda carta mostraba a su juez, y la última tenía la escena en la que sería ejecutado en Tyburn.

En 1942, Sebastián Cirac Estopañán documentó la Inquisición española, y su obra contiene información sobre cómo las mujeres del siglo XVI practicaban la lectura de cartas. Aun así, estas no eran descripciones detalladas, lamentablemente. Cuando Margarita de Borja fue juzgada por brujería en Madrid entre 1615 y 1617, confesó que ayudaba a sus clientes leyéndoles naipes. De la forma en que lo describía, recitaba un conjuro a Santa Marta mientras barajaba las cartas primero, luego colocaba las cartas sobre la mesa en cinco filas de cuatro cartas cada una, todas boca arriba. Era una buena señal si las cartas aparecían en pares (por ejemplo, una Sota con una Sota o una Reina con una Reina). Si no lo hacían, era un mal presagio.

Otra persona que fue juzgada por brujería entre 1631 y 1632 en Toledo fue María Castellanos. Su proceso también implicaba un encantamiento mientras barajaba las cartas y colocaba doce cartas sobre la mesa. Su objetivo era ver si la Jota y el Caballo de Tréboles terminaban uno al lado del otro. Juzgada en 1633, lady Antonia Mejía de Acosta dijo que sacaba el 9 de tréboles de una baraja de 40 cartas y luego barajaba las otras 39 mientras rezaba. Cuando terminaba, colocaba nueve cartas. Si había más copas y monedas que tréboles y espadas, era un buen augurio, pero era una lástima que las cartas no aparecieran de esa manera.

Habría otro juicio por brujería que duró de 1648 a 1649. La infortunada víctima de este juicio fue la señora María de Acevedo. Trabajando con 41 cartas, podía averiguar qué hacía su pareja cada vez que iba al palacio. Podía saber qué pensamientos ocupaban su mente, y no solo eso, sino que también podía usar las cartas para influir en él para que volviera a ella después de cualquier discusión que tuvieran. De hecho, compartió la historia de una mujer que estaba casada con un aguador que luchaba por llegar a fin de mes. La mujer necesitaba saber si su marido se había enamorado de otra persona. Durante la lectura, el rey de copas y la sota de monedas apareciendo juntos sería un buen augurio, ya que el primero representaba al marido mientras que la segunda era la esposa. Estas cartas juntas significaban que todo estaba bien en el frente del amor. La mujer barajó la baraja de cartas y las colocó una tras otra en cinco filas, todas boca arriba. Lamentablemente, ella aprendió lo peor de esta lectura. Barajaría las cartas tres veces más, pero el caballero de copas y la jota de monedas nunca aparecieron como pareja. Revisa la Inquisición española y encontrarás muchas lecturas de este tipo registradas hasta el siglo XIX.

Con el tiempo, las brujas trabajaban con las cartas barajándolas mientras rezaban o decían encantamientos, colocando 13 cartas sobre la mesa en un círculo y una en el medio. La lectura se basaría en las cualidades mágicas de las cinco primeras cartas robadas. Aun así, no hay más información sobre lo que sucedería. En 1960, Dorman Newman de Inglaterra creó una baraja de cartas destinada a ser utilizada para la adivinación. Su diseño tenía la fortuna escrita en las propias cartas. Finalmente sería publicado una vez más, en 1711, por John Lenthall. Estas cartas terminarían teniendo varias iteraciones.

A veces, lo que parecía ser un simple juego de cartas era en realidad adivinación. El popular juego solitario, por ejemplo, se considera inicialmente una forma de cartomancia. El solitario se llama *reéssite* en Francia (una palabra que significa "éxito"), y muchas personas quieren saber si alcanzarán el éxito usando las cartas.

El solitario no era la única versión de la adivinación, ya que podía haber más de un "jugador" en una lectura de cartas. Por ejemplo, en Whartoniana, Misceláneas, en verso y prosa, publicado en 1727, un capítulo habla de un curioso juego conocido como Piquet. No era un juego cualquiera, ya que implicaba adivinación sobre asuntos del corazón. El autor escribió sobre su experiencia con un personaje llamado Theresius. Eligió visitar a este personaje porque sentía curiosidad por su destino. Entonces, Theresius leyó la palma de su mano, echó suertes basadas en la astrología y luego le pidió al autor que regresara al día siguiente. El autor accedió, pero se confundió cuando Theresius le pidió que interpretara a Piquet. Él lo aceptó y, finalmente, Theresius jugó la reina de corazones, lo que le hizo ganar el juego. Cuando esto sucedió, Theresius le reveló al autor que si tenía la intención de enamorarse, era importante que fuera tras una mujer que fuera más adecuada para él porque, como él dijo, "porque si alguna vez atacas a la divina Palas, infaliblemente te tambalearás".

En 1730, la cartomancia se practicaría con cartas regulares. La primera representación de esto fue en la obra inglesa Jack the Gyant-

Killer. El autor habló sobre el uso de una baraja de 52 cartas. Primero, el lector tendría que elegir la carta después de barajar el mazo, y luego se asignaron cuatro reyes a esta carta. Luego había que cortar la baraja. Después de esto, el paquete se colocaba en al menos tres filas y había que encontrar la carta. Una vez que se detectaba la carta, el lector interpretaba las cartas circundantes. Según esta jugada, las picas eran el único palo que significaba mala suerte.

Unos 20 años más tarde, un documento describiría otro método de lectura de las cartas del Tarot en Bolonia. Este método consistía en 35 cartas divididas en grupos de siete. El manuscrito explica lo que significaba cada una de las cartas. Aun así, no hay una narrativa directa en torno a las agrupaciones, por lo que no está claro si este era un método comúnmente utilizado para la cartomancia en Bolonia en el siglo XVIII. Eventualmente, los lectores de cartas en esta región optarían por trabajar con 45 cartas de 62 cartas, pero nunca usarían las mismas cartas en todos los pliegos.

Más tarde, en la década de 1750, la cartomancia volvería a ser registrada, esta vez por Oliver Goldsmith en su libro *The Vicar of Wakefield*. Escribió que la cartomancia era algo que debía considerarse admirable cuando una mujer tenía la habilidad, una que consideraba tan valiosa como la lectura, la escritura, la música y la costura, entre otras cosas. En esta época, también había una descripción de la cartomancia en Rusia escrita por Giacomo Casanova. Tenía una amante llamada Zaïre, que solo tenía trece años. Pensó que estaba actuando de manera sospechosa y la criticó por hacer referencia constantemente a las cartas, que afirmó que consultaba diez veces al día. Afirmó que se habría quedado con ella si no fuera por sus "celos desesperados" y su "confianza ciega" en las cartas. Al parecer, esta joven había descubierto cómo contar lo que había estado haciendo cada vez que salía toda la noche. Con el tiempo, arrojaría sus cartas al fuego.

El primer registro de cartomancia en Francia llegó en el siglo XVIII en forma de un registro policial fechado el 17 de marzo de 1759. Dos mujeres fueron encarceladas durante ocho días porque, según los informes, habían estafado a otras personas con su dinero fingiendo ayudarlas a encontrar lo que habían perdido usando adivinación por cartas. Luego, en 1972, en Marsella, Anne Cauvin también sería condenada. Soportó estar "expuesta con grilletes" durante tres días, con la cabeza en un gorro cubierto de cartas del tarot. También le pusieron un colador en el cuello, y tuvo que permanecer así durante una hora cada vez antes de que el verdugo interviniera para romper el colador y romper las cartas. Por lo tanto, en esta época, es evidente que la cartomancia era popular, pero generalmente se hacía en secreto.

De la oscuridad, a la luz

Jean-Baptiste Alliette, nacido en 1738 y fallecido en 1791, era conocido como Etteilla, con su apellido invertido. En un libro que Etteilla escribió el año de su muerte, habló sobre la cartomancia, a la que llamó "cartonomancia". Afirmó que nadie sabía de la práctica en Francia hasta que tres ancianos ofrecieron sus servicios en 1751, 1752 y 1753. Según Etteilla, los clientes de estos extraños tenían que sacar sus cartas una tras otra, y todos los presagios se interpretaban de acuerdo con los palos. Dibujar corazones significaba felicidad, diamantes significaba país, tréboles significaba dinero y picas implicaba tristeza.

Etteilla afirmó que fue él quien elevó la práctica de la cartomancia al eliminar la selección de cartas una tras otra y, en su lugar, realizar lecturas basadas en toda la baraja dispuesta sobre la mesa. Obviamente, por lo que ahora sabes de la historia de la cartomancia, se puede decir que Etteilla se estaba apropiando de un crédito que no era suyo. Sin embargo, puedes estar de acuerdo en que fue el primero en publicar una metodología de cartomancia impresa en 1770, que no estaba unida a un paquete como la baraja de cartas Newman-Lenthall. Su publicación resultaría muy popular, y fue él quien le dio a cada punto una interpretación en lugar de simplemente trabajar con una o dos cartas basadas en el significado del palo.

En la primera publicación de Eteilla, compartió un método de trabajo con 32 cartas usando una baraja de piqué francés con cada punto excepto los del 2 al 6. También agregaría otra carta como el significante genérico, al que llamó epónimamente "la Etteilla". Le dio a cada carta su significado y palabra clave. Compartió información valiosa sobre varios diseños, como cuadrados (el favorito de Zaïre) o abanicos. También se refirió brevemente al trabajo con las cartas del Tarot para la adivinación. Sin embargo, nunca dio una descripción detallada del proceso.

En 1772, Antoine Court de Gébelin trabajó con otro autor que permaneció en el anonimato para publicar algunos ensayos sobre el tarot y su significado esotérico. El autor anónimo fue responsable de elaborar un método de cartomancia que funcionaría con el tarot, lo que llevó a Etteilla a centrarse en el tarot en sí y promocionar sus beneficios. Lo haría más complicado agregando algo de astrología junto con su diseño personalizado del tarot. Después de esto, publicaría obras criticando los enfoques de otros sobre el tarot, y con su notoriedad, atrajo a un grupo de devotos comprometidos a aprender de él entre 1783 y 1791. Gracias al evidente narcisismo de Eteilla y a los ensayos de De Gébelin, Europa acabaría por tomar conciencia del tarot y otros asuntos esotéricos relacionados y de la cartomancia. Los devotos de Etteilla se propusieron difundir sus ideas a lo largo y ancho y, con ellas, su baraja de tarot personalizada.

Marie-Ann Adélaïde Lenormand se convirtió en la cartomante más famosa durante la Revolución Francesa. Nacida en 1772, era conocida como Mademoiselle Lenormand, y mantuvo ese título hasta su muerte en 1843, ya que nunca se casó. Lenormand desarrolló su reputación, al igual que Etteilla, a través de la autopromoción. Cuando era adolescente, se dio cuenta de que era clarividente. Lenormand usó ese don para hacer fortuna durante la Revolución. Se hizo aún más famosa cuando la emperatriz Josefina se acercó a ella para obtener sus servicios, y desde allí, otros miembros de la alta sociedad se acercaron a ella. Su clientela incluía a los círculos sociales más influyentes y poderosos de la época. Escribía que había trabajado para la *crème de la crème*. Sin embargo, hoy en día, se sabe que fue lectora de cartas para Josefina y Napoleón y autora de las populares cartas de oráculo Le Petit Lenormand y Le Grand Lenormand. Incluso ahora, estas cartas se utilizan en Francia y en lugares francófonos. Aun así, lo más probable es que ella realmente no haya tenido nada que ver con las cartas, y los fabricantes simplemente están ganando dinero con su nombre, ya que ella se ha ido hace mucho tiempo.

Cartomancia en los tiempos modernos

En el siglo XIX, la cartomancia con el tarot se volvería más popular, mucho más que trabajar con naipes normales, cartas de Etteilla y cartas de Lenormand. Los ingleses consideraban el tarot como un asunto oculto. Arthur Edward Waite, un místico inglés, tenía dificultades para encontrar cartas reales del tarot, por lo que ideó su paquete para adivinar el futuro, trabajando con Pamela Colman Smith, quien se encargó de la obra de arte. A Smith se le ocurrieron algunos diseños hermosos, y gracias a esto y al hecho de que todos los puntos tenían ilustraciones, el tarot se convertiría en la opción popular para la cartomancia, especialmente en el mundo anglófono.

En Francia, la gente usa 22 cartas del tarot de Marsella o naipes estándar. En 1900, había una baraja de tarot más moderna, que tenía ilustraciones de género de doble punta. Además, los puntos eran sus habituales corazones, picas, diamantes y tréboles. Oswald Wirth, un ocultista, rediseñó e imprimió el Tarot de Marsella en 1889. En 1927, publicó una versión revisada que incluía texto y que muchos cartomancistas adoptarían. Paul Marteau dirigiría a Grimaud, una empresa de fabricación de cartas, para revivir el Tarot de Marsella en 1930. Después de esto, Marteau publicó una guía de la nueva baraja en 1949 titulada *Le Tarot de Marseille*. La cartomancia se practica en muchos estilos diferentes, y sigue evolucionando. Todas las formas de cartomancia surgen de los intereses ocultistas ingleses o franceses de finales del siglo XIX, excepto la tarotmancia, por supuesto.

Diferencias entre la lectura del tarot y la cartomancia

La lectura del tarot y la cartomancia consisten en leer las cartas para averiguar qué podría traer el futuro, pero hay mucho más involucrado. El tarot es bien reconocido, y las barajas tienden a ser grandes con cartas interesantes en lugar de las que encontrarías en las barajas de cartas comunes. Además, las barajas de cartas del tarot tienen varitas, oros, copas y espadas *como palos.* También encontrarás caballos y jotas comunes, que no están en tu mazo común y corriente.

La cartomancia es la lectura de cartas con cartas normales. Las reinas representan las energías femeninas, mientras que los reyes representan las energías masculinas. Los jacks son jóvenes y no tienen un género específico. La cartomancia puede ofrecer cierta precisión a la hora de predecir cuándo es probable que ocurra algo. Mientras que la baraja del tarot tiene 78 cartas, las lecturas de cartomancia suelen funcionar con una baraja estándar de 52 cartas. Además, puedes esperar que los significados que obtienes de la cartomancia sean más precisos que el tarot. Si quieres entender los posibles resultados de tu situación, utiliza el tarot. Pero para obtener respuestas específicas, lo mejor es la cartomancia.

Una cosa más...

Este es un excelente momento para recordarte que, ya sea que se trate de la cartomancia o de la lectura del tarot, debes entender que esta práctica no se trata de precisión para ver el futuro o hacer predicciones, así que no bases decisiones importantes de la vida solo en las cartas. En su lugar, trabaja con ellos como poderosas herramientas de orientación, crecimiento y autodescubrimiento. Cuando haces una lectura o te sientas en una, debes entender que todo lo que estás obteniendo es un posible resultado o camino fuertemente influenciado por tus emociones y elecciones presentes. Esto significa que las lecturas no están escritas en piedra, y eso es probablemente un alivio, ya que significa que siempre puedes hacer algo con respecto a las lecturas negativas.

Ahora que conoces los ricos orígenes de las cartas como herramientas adivinatorias, ¿cómo eliges el mazo adecuado antes de empezar? ¿Cuántas barajas hay? ¿Cuál es relevante? Aprenderás todo esto y más en el siguiente capítulo.

Capítulo dos: Elegir un mazo

Mazos tradicionales frente a mazos modificados y especializados

Si alguna vez has jugado al póquer o a algún otro juego de cartas, es posible que no te hayas dado cuenta de que estabas jugando con la versión original del tarot. Esta baraja tiene 52 cartas de cuatro palos: picas, corazones, diamantes y tréboles. Cada palo tiene cartas numeradas del 2 al 9, la carta del as y las cartas con figuras, el rey, la reina y la jota. Se dice que estos palos están conectados con los elementos clásicos:

- Tierra (clubes)
- Aire (diamantes)
- Fuego (corazones)
- Agua (picas)

Hoy en día hay varios diseños de barajas de naipes tradicionales. Una de las barajas tradicionales más comunes es la francesa. Los tréboles o tréboles se conocen como *trèfles,* los diamantes se llaman *carreaux,* los corazones se conocen como *cœurs* y las picas (o picas) se llaman *piques.* La carta de la reina es la dama, el rey es el roi, y la sota es el valet. También hay otra carta conocida como el caballero entre la reina y la jota. Las cartas del palo francés son comunes porque sus patrones simples facilitan su producción en masa. También vale la pena señalar que los franceses conectan sus cartas con figuras específicas. Si te interesa, mira las correlaciones a continuación:

Palos: tréboles, diamantes, corazones, picas
Reyes: Alejandro, César, Carlos, David
Reinas: Argine, Raquel, Judith, Palas
Jacks: Lancelot, Héctor, La Hire, Hogier

Luego están las cartas belga-genovesas, la segunda baraja tradicional de cartas más común en todo el mundo. Estas cartas no tienen los nombres que los franceses asignan a las figuras. Estas cartas se hicieron comunes en el Imperio otomano cuando el gobierno permitió el juego de cartas. Eventualmente, las cartas se encontrarían en el Medio Oriente, el norte de África y los Balcanes.

Los mazos modificados son casi como los mazos tradicionales, pero se han cambiado de alguna manera para que sean más fáciles de usar para la cartomancia. Por ejemplo, algunos mazos pueden tener cartas adicionales, o la ilustración puede modificarse para dar cuerpo a las lecturas para obtener más detalles. Las cartas especializadas, sin embargo, son específicamente para cartomancia, con un arte bello y exquisito que ofrece más significado gracias al simbolismo de cada elemento del dibujo en la carta. También puedes esperar que estos mazos tengan cartas adicionales y diferentes palos.

Mazo de 'Bicycle' estándar

El as de picas en una baraja de cartas de Bicycle tiene una marca especial²

Los naipes de *Bicycle* son fabricados por la United States Printing Company, con las primeras barajas impresas en 1885. La baraja se llama "*Bicycle*" debido al diseño de la parte posterior de la primera edición, que mostraba monedas de un centavo. Si te estás preguntando qué son los "*penny-farthings*", son un tipo de bicicleta temprana con ruedas altas en la parte delantera y ruedas pequeñas en la parte trasera. También se les conocía como ruedas altas ordinarias.

Pero, volvamos al asunto de la baraja de *Bicycle*. Tiene 52 cartas, rojas y negras, pertenecientes a cualquiera de los cuatro palos clásicos. Los números van del 2 al 10 y terminan con la carta jota. El as de picas tiene la marca *Bicycle*. Por lo general, esta baraja tiene rangos de manos de póquer, 2 comodines y una carta informativa. En su mayor parte, las cartas *Bicycle* personalizadas tienen 2 cartas adicionales junto con los comodines, que los magos usan para trucos o publicidad.

Baraja de bruja gitana

La baraja de la bruja gitana*

Los naipes de adivinación de la bruja gitana se publicaron por primera vez en 1904 y todavía se utilizan hoy en día. Son más antiguos que la baraja común de Rider-Waite, que se publicaría por primera vez 5 años después. Esta baraja es fascinante porque está inspirada en la mismísima Madame Lenormand. Si haces los deberes, encontrarás muchos mazos elaborados de acuerdo con las ideas de Lenormand, utilizando imágenes mnemotécnicas en las cartas. Por alguna razón, estas imágenes y sus interpretaciones no se alinean con las interpretaciones generalmente aceptadas de los palos o sus números. Estas cartas también se conocen como cartas de oráculo y son una copia de las barajas que salieron después de la muerte de Lenormand.

Este mazo consta de las mismas cartas que encontrarías en un mazo estándar, excepto que cada carta tiene una imagen e interpretación. Las imágenes recuerdan a la época victoriana, con el estilo de ilustración de la época haciendo que las cartas sean aún más interesantes que otras barajas. Dado que las cartas ya están interpretadas y los significados están en ellas para que las leas, puedes suponer que sería fácil trabajar con ellas, ya que no tienes que memorizar las interpretaciones, pero ese no es el caso. Por lo general, en cartomancia, los palos tienen significados específicos.

Por ejemplo, los corazones tratan sobre asuntos del amor y otras emociones. Los diamantes tienen que ver con el dinero y las finanzas, y así sucesivamente. Sin embargo, con la baraja de la bruja gitana, no puedes encontrar ninguna correlación entre los puntos y números y las imágenes o interpretaciones. Por ejemplo, el 10 de diamantes tiene una imagen de una guadaña y un fardo de heno, y la interpretación dice: "La guadaña presagia la decepción y cuando está cerca del ataúd, la muerte prematura". Encontrar la correlación entre esa interpretación y la idea de diamantes es bastante confuso.

Baraja Lenormand

La baraja de Lenormand es como el tarot en el sentido de que se usa en cartomancia, pero eso es todo en términos de similitudes. El Lenormand es mucho más práctico porque no se trata de las impresiones que obtienes al mirar cada carta y se trata más de lo que sucede en tu vida diaria. En otras palabras, esta baraja es excelente cuando quieres conocer los asuntos prácticos. Donde el tarot trata sobre el *por qué*, Lenormand es sobre el *cómo*; Este mazo tiene 36 cartas, y es la mejor opción si prefieres tener claridad en tus lecturas, especialmente cuando robas las

Las cartas Lenormand son más prácticas en cartomancia[4]

cartas en parejas en lugar de individuales. Cuando trabajas con esto junto con las interpretaciones del tarot, te será difícil encontrar una mejor manera de encontrar claridad en la cartomancia.

Fin de Siècle Kipper

La nueva iteración de las cartas Kipper representa eventos importantes de la vida[6]

Estas cartas son comunes en Alemania y, al igual que las Lenormand, han estado en uso desde mediados del siglo XIX. Una nueva iteración de esta baraja Kipper es la de Ciro Marchetti, que es elegante en su presentación. Esta baraja tiene 36 cartas que representan eventos y situaciones esenciales de la vida con las que la mayoría de la gente se siente identificada, como estar enfermo, hacer un viaje, trabajar, casarse, etc. Esta baraja es directa y fácil de interpretar, por lo que incluso si eres nuevo en la cartomancia, no deberías tener problemas para averiguar qué significan las cartas. Por ejemplo, tienes la carta de altos honores, que muestra al Rey otorgando honores a un hombre arrodillado ante él. O está la carta de matrimonio, con un hombre y una mujer vestidos con palos de boda.

Para leer las cartas de Kipper, puedes robar cartas individuales. Por lo general, se leen en línea recta y se roba un número impar de cartas (normalmente cinco o siete). También es importante tener en cuenta la ubicación de las cartas y qué tan cerca están unas de otras en la línea, ya que estos factores afectan la lectura. También hay que prestar atención a la dirección. Digamos, por ejemplo, que robas la carta de regalo y está antes de la carta principal del hombre. Eso podría significar que el hombre recibirá un regalo. Sin embargo, si la carta de regalo viene después de la carta principal masculina, podría significar que el propio hombre le está ofreciendo el regalo a otra persona. Lees las barajas de oráculo y Tarot usando la intuición e interpretas las cartas de Lenormand metafóricamente. Sin embargo, las cartas de Kipper deben interpretarse literalmente.

Estos son solo algunos de los mazos que puedes usar para la adivinación. Sin embargo, nunca debes olvidar que puedes elegir cualquier otro diseño o baraja que desees. Todo se reduce a tus objetivos, preferencias e intereses personales. Ya sea que prefieras cartas más pequeñas o más grandes, más o menos cartas en tus mazos, o más o menos flexibilidad en la interpretación de tus cartas, debes elegir lo que resuene contigo.

Elegir tu mazo

A la hora de elegir tu mazo, debes decidirte por uno con el que estés contento. Esto significa trabajar con tu intuición en lugar de elegir el primer o único mazo disponible que veas. Aquí hay algunos consejos útiles para guiarlo.

En primer lugar, tienes que pensar en lo que prefieres. Cada persona es diferente en cuanto al tipo de simbolismo e imágenes con las que resuenan. Considera si prefieres tener algo más tradicional o clásico, como la baraja Rider-Waite, por ejemplo, o algo más moderno. Además de los diseños, considera lo que quieres lograr con la baraja. ¿Quieres el tipo de interpretación que te da interpretaciones directas? ¿O preferirías algo que tenga un significado en capas? Estas son preguntas que debes hacerte a la hora de hacer tu elección.

A continuación, tienes que hacer tu tarea. Como ya sabes, los diferentes mazos tienen diferentes características. Debes pensar en lo que funciona mejor para ti, pero no solo eso, también debes buscar las opiniones de los demás. Por ejemplo, echa un vistazo a los foros e hilos sobre cartomancia en Reddit, o mira las diversas reseñas de cada tipo de mazo. Además, busca primero las imágenes de las cartas de la baraja para saber si estarías contento trabajando con ellas. Si todavía no sabes cuál elegir, investigar la historia de las barajas también puede ayudarte a descubrir qué funciona para ti.

Ahora, tienes que entrevistar a las cartas. ¿Te rascas la cabeza con esto? Es comprensible, pero no debería ser extraño. Si las cartas pueden decirte algo sobre qué esperar en la vida, ¡no hay razón para que no puedan decirte si trabajarás bien con ellas o no! Por lo tanto, debes entrevistar a la baraja antes de decidirte por ella. Esto significa que debes hacerle preguntas y luego sacar algunas cartas para responderlas. Durante esta entrevista, tu trabajo consiste en observar cómo la baraja te ofrece respuestas porque, aunque no lo creas, cada baraja tiene una personalidad única. Al igual que ciertas personalidades se mezclan bien mientras que otras chocan, uno u otro escenario puede ocurrir contigo y tus cartas.

¿Cómo se entrevistan las cartas? ¿Hacer que rellenen un cuestionario o algo así? Lo que tienes que hacer es barajar las cartas. Al mismo tiempo, estableces tu intención firmemente en tu mente; para familiarizarse con la personalidad de la baraja. Cuando hayas terminado de barajar, es hora de tus preguntas. Estas son algunas de las cosas que podrías preguntar:

- ¿Cuál es tu energía habitual?
- ¿Qué es lo bueno de ti?
- ¿Qué piensas hacer durante las lecturas?
- ¿Qué tienes que enseñarme, si es que tienes algo?
- ¿Cuál es la mejor manera de trabajar juntos?

Con cada pregunta que hagas, debes sacar una carta. No tengas prisa por interpretar lo que significa cada carta. Tómate tu tiempo y deja que la respuesta burbujee dentro de ti desde tu intuición. De esta manera, tendrás una comprensión precisa de la energía de las cartas y sabrás si ese es el mazo con el que quieres trabajar. Esta es solo una de las formas en que puede seleccionar o conectarse con un mazo. Hay otras formas. Por ejemplo, podrías:

1. **Pasar un rato con la baraja.** Cuanto más estudies cada carta y su simbolismo, más familiar te resultará y mejor podrás saber si funciona para ti. Baraja las cartas, manipúlalas y toca cada una; Su energía debe conectarse con la tuya.

2. **Meditar con la baraja de cartas en tus manos.** Al meditar, estableces una conexión con las cartas a un nivel profundo. Si lo deseas, puedes acercar las cartas al centro de energía de tu corazón o chakra para sentir su energía aún mejor mientras meditas. Además, la inteligencia del corazón te dirá inmediatamente si estas cartas son para ti.
3. **Colocar las cartas debajo de tu almohada** cuando te vayas a la cama por la noche para tener una idea de su energía. Puedes hacer esto durante varias noches y prestar especial atención a tus sueños y a cómo te sientes cuando te despiertas. Cuando duermes, tu mente consciente se desconecta. Tu subconsciente puede captar energías sutiles que te pierdes en este momento, llevando esa información a ti en tus sueños o haciendo que burbujee a tu mente consciente cuando te despiertas por la mañana. Dormir es una excelente manera de elegir tu mazo.
4. **Robar tus cartas todos los días.** Al hacer esto, te conectas con la energía de la baraja y puedes observar qué tan bien las respuestas de las cartas coinciden con tus experiencias diarias.

Manejo de tu mazo

Debes ser consciente de cómo manejas tu mazo, no solo porque debes guardarlos con cuidado, sino también porque debes mantener las energías puras durante la lectura. Así que, en primer lugar, debes limpiar la baraja de las energías de las lecturas anteriores y de las energías residuales de cualquier otra persona que pueda haber tenido las cartas. Estas son algunas formas en las que puedes despejar el mazo:

1. Baraja las cartas. Cuanto más minuciosamente los mezcles, mejor será el proceso de limpieza de energía.
2. Golpea las cartas con los nudillos. Hacer esto liberará cualquier energía vieja y rancia que permanezca en la cubierta.
3. Difumina las cartas. Esto significa quemar hierbas como la salvia o el palo santo y pasar las cartas por el humo para eliminar las energías negativas y rancias.
4. Por último, puedes utilizar la visualización. Imagina una poderosa luz dorada que emana de las palmas de tus manos

y rodea la cubierta, quemando cualquier energía que no pertenezca allí.

Mantenimiento y protección de sus cartas

Ten en cuenta lo siguiente y tendrás cartas atractivas durante mucho tiempo:

1. Debes tratar tus cartas con cuidado para no dañarlas. Por lo general, el papel en el que están impresos es delicado, por lo que no puedes permitirte ser descuidado con ellos. Nunca arrugues las cartas ni las dobles porque eso no solo no se verá bien, sino que dificultará barajarlas.

2. Haz todo lo posible por lavarte y secarte las manos antes de manipular las cartas. Si el aceite, la suciedad u otras cosas entran en contacto con sus cartas, no se ve bien. Inevitablemente, tus cartas se mancharán a pesar de tus mejores intenciones. En este caso, retira la mancha con una toallita suave y delicada.

3. Guarda las cartas en el lugar que les corresponde cuando hayas terminado. Guárdalas en una bolsa o caja cuando no estés trabajando con ellas. Además, no dejes que sufran los efectos de la humedad o las temperaturas extremas.

4. Por último, respeta tus cartas. Son herramientas que te permiten comunicarte con la divinidad, por lo que debes tratarlas con reverencia. Esto tiene el beneficio adicional de brindarle resultados más efectivos cuando trabaja con ellos. Sé siempre consciente e intencional en tu trato con las cartas, y descubrirás que trabajan contigo, no en tu contra, todo el tiempo.

Ahora que has aprendido sobre varios mazos y cómo cuidarlos, ¿cuáles son los significados más profundos de las cartas? ¿Cómo puedes saber con certeza lo que te están diciendo? Descubre esto y más en el siguiente capítulo.

Capítulo tres: Simbolismo y significados

Independientemente del mazo con el que trabajes o de la carta que estés viendo, hay mucho simbolismo en torno a la cartomancia. Este simbolismo ha perdurado durante siglos. En este capítulo, descubrirás los significados tradicionales de cada carta, palo y número. Descubrirás los significados esotéricos inherentes a cada baraja. A medida que leas, recuerda que la interpretación y el significado de cada carta pueden cambiar según el contexto y el lector.

Los cuatro palos

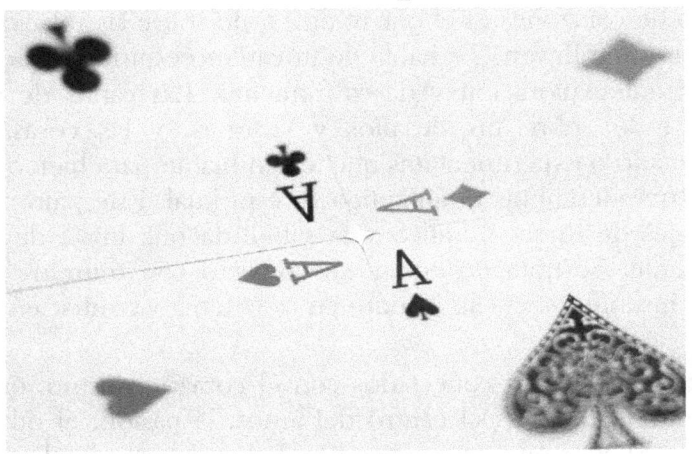

Los cuatro palos representan las cuatro estaciones del año[6]

Los cuatro palos representan las cuatro estaciones de un año. Los corazones representan la primavera, que es cuando experimentas un nuevo crecimiento. Los diamantes representan la abundancia y la prosperidad del verano, y los tréboles recuerdan al otoño, cuando cosechas lo que has sembrado. Las picas son invierno, una época en la que todo hiberna y va hacia dentro.

Estos palos también están conectados con los cuatro elementos clásicos. Los corazones están conectados a las emociones acuosas y a los profundos pozos de intuición dentro de ti. Los diamantes son de la tierra, preñados de recursos y ricos en tesoros. Los clubes están conectados a las llamas de la creatividad y la pasión que arden en todos y cada uno, aunque no sean más que brasas en algunos y en otros un infierno furioso. En cuanto a las picas, son cartas aireadas que tienen que ver con el intelecto, la destreza mental y la comunicación.

Los corazones

El palo de corazones también se conoce como el palo de copas en el tarot. Es uno de los cuatro palos principales que encontrarás en la cartomancia, y tiene que ver con asuntos del corazón, los sueños, las relaciones, las emociones, la intuición y el subconsciente o inconsciente. Se trata de las cosas que burbujean bajo la superficie de las profundidades. Se cree que el mundo físico no es el único, y comparte una conexión con reinos invisibles, reinos que considerarías espirituales o metafísicos. Los arquetipos y símbolos en el palo de Corazones están conectados a esos reinos, poseyendo una profunda visión de lo que significa estar vivo y evolucionar espiritualmente.

El palo de corazones es el que te dice todo sobre las relaciones en tu vida y cómo te influyen. Te habla de tu camino espiritual y de cómo te va con tu autoexploración y descubrimiento. Las cartas de este palo revelarán todo sobre tus desafíos y victorias, y las cosas que has experimentado o experimentarás que te cambiarán para bien o para mal a medida que descubras tu auténtico yo espiritual. Este palo representa los mensajes de tu ser intuitivo y la sabiduría que brota de la mente subconsciente. Se trata de entrar en contacto con mundos invisibles, seguir tus instintos, sentir tu instinto en cada tema y confiar en lo que te dice.

Los corazones están conectados con el corazón mismo, que, como todo el mundo sabe, es el centro del amor, la pasión, el odio y otras emociones. El corazón está en el centro de lo que eres. Es de tu corazón que nacen tus verdaderos deseos y donde sostienes tu verdadero yo, desprovisto de cualquiera de las decoraciones, máscaras y disfraces del ego. Por lo tanto, el palo corazón es una invitación a tu mundo emocional, pidiéndote que te sumerjas profundamente y recibas los valiosos tesoros de la sabiduría de tu corazón. Aquí hay un vistazo rápido a lo que implica cada carta de este palo.

As de corazones: Espera un nuevo comienzo en las relaciones y amistades. Puede ser un nuevo amante, un matrimonio o algo bueno que te suceda. Representa el potencial de desarrollar poderosos lazos emocionales con los demás.

2 de corazones: Esta carta representa la conexión de dos personas a medida que se convierten en una sola en el amor. También te pide que pases algún tiempo con tus seres queridos. Esta carta lleva la energía del equilibrio, la conexión, la armonía y la asociación, representando las ideas de cooperación emocional y compatibilidad. Te pide que demuestres más comprensión a medida que te relacionas con los demás, lo que significa estar abierto a la vulnerabilidad y la reconciliación.

3 de corazones: Cuando robas esta carta, indica que no estás muy comprometido con una relación, o al menos, te sientes indeciso al respecto. Sin embargo, algunos interpretan esto de manera más positiva. Como dicen, representa una experiencia abundante y gozosa de amor en todos los sentidos posibles.

4 de corazones: La estabilidad emocional y la seguridad son las energías que emana esta carta. Te dice que estás en una pareja o matrimonio comprometido. Cuando se trata de asuntos domésticos, implica que estás en un entorno seguro y enriquecedor. El 4 de corazones también se trata de aprender a establecer límites y aterrizar tus emociones para seguir disfrutando del amor que te hace sentir seguro.

5 de corazones: Robar esta carta representa enormes cambios que afectarán tu vida familiar y hogareña. Estos cambios pueden ser buenos o malos. Tal vez alguien se divorcia o se muda a un nuevo lugar. De cualquier manera, el *statu quo* se verá alterado. El 5 de corazones es la carta del desamor, que representa el dolor, la pérdida, la liberación y la resiliencia cuando se trata de turbulencias emocionales.

6 de corazones: Espera interacciones armoniosas con los demás, que te lleven a lo que desees. Esta carta se trata de dar y recibir amor libremente y dejar que la bondad guíe el camino en tu trato con los demás. Su energía es indulgente y desinteresada.

7 de corazones: Esta carta puede representar a alguien que probablemente te decepcione. Alternativamente, representa ser introspectivo y buscar en tu corazón para descubrir tus verdaderos sentimientos sobre alguien o algo.

8 de corazones: Compromiso, desarrollo de vínculos más fuertes y cambios emocionales son los mensajes que lleva esta carta. Se trata de permanecer con alguien o algo a largo plazo, ser maduro al expresar tus emociones, elegir la lealtad por encima de cualquier otra cosa e invertir todo lo que puedas para desarrollar y mantener conexiones amorosas en tu vida. Robar esta carta significa que estarás en un evento que te dará la oportunidad de tu vida, romántica o financieramente.

9 de corazones: Esta carta te dice que alguien quiere llevar su relación contigo a mayores alturas. Tal vez les gustaría proponerle matrimonio o formar una familia contigo. Espera experimentar satisfacción en tus conexiones y aventuras amorosas.

10 de corazones: Espera buenas noticias. Te enterarás de esto en una fiesta o en algún lugar donde se reúna mucha gente. La carta también representa la unidad familiar y la realización emocional en ese contexto.

Sota de corazones: Esta carta representa a tu amigo o amante de mayor confianza. Cuando dibujas esto junto con la reina de corazones, podría representar una pareja. Por sí solo, es alguien creativo, sensible y lleno de compasión. Por lo general, representa a una persona joven. Esta carta también representa tus ideas de la intuición y el desarrollo emocional.

Reina de corazones: Esta carta representa tu fantasía. También podría sustituir a una amante femenina o a alguien embarazada. El matrimonio también puede estar en el horizonte. La energía de esta carta es nutritiva, profunda e intuitiva. Es la encarnación de la feminidad.

Rey de corazones: El rey de corazones representa la energía masculina y puede sustituir a una figura paterna. Es un hombre influyente que está en contacto con sus emociones y es dulce. Esta persona demuestra amor en el contexto del liderazgo, equilibrando su autoridad con sus emociones para que atempere la justicia con la bondad.

Los diamantes

A veces, el palo de diamantes se llama palo de monedas o pentáculos. Se refiere a los asuntos prácticos, el dinero, la riqueza material y el mundo físico. Los diamantes tratan sobre todo lo que posees, tu carrera y lo que haces para avanzar en la vida. Los diamantes representan todo lo relacionado con la manifestación y hacer realidad tus sueños. Te muestran todas las cosas prácticas que debes hacer para llegar a donde necesitas ir, cuánto esfuerzo se requerirá para lograr tus objetivos y si debes seguir recorriendo el camino en el que estás.

Los diamantes demuestran lo que necesitas hacer para ayudarte a entrar en el flujo de la prosperidad y la abundancia utilizando las habilidades prácticas que posees y los recursos a tu alrededor a los que puedes haber estado ciego por un tiempo. Se trata de tu negocio y vocación y orientación sobre qué hacer para obtener el estado financiero que deseas. Se trata de tomar tus sueños y hacerlos realidad a través de la acción.

Esotéricamente, el palo de diamantes también tiene que ver con tu salud. Se trata de lo bien que te sientes en tu cuerpo y de lo que puedes hacer para cuidarlo mejor. Las cartas de este palo pueden mostrarte la conexión entre tu vida espiritual y tu salud, por lo que conoces la importancia de alimentarte en ambos niveles para que puedas ser la mejor versión de ti mismo.

Finalmente, este palo trata de integrar tus vidas espirituales y físicas. Se trata de asegurarte de que las cosas que tienes en alta estima se alineen con lo que estás experimentando en el mundo observable y objetivo para sentir que tienes un propósito y un significado en tu vida. Estas cartas te piden que recuerdes que tu vida física debe ser una herramienta que te ayude a desarrollarte espiritualmente. Los diamantes están conectados al diamante mismo. Esta cosa dura y duradera representa fuerza, resistencia y resiliencia. Piensa en formar un diamante; Puedes trazar paralelismos entre ese proceso y tu vida. Para producir la piedra preciosa, tiene que haber cierto refinamiento, y esto es lo mismo con tu vida. Necesitas tomar las materias primas que se te han dado, tus talentos, habilidades e inclinaciones naturales, y hacer que trabajen para ti, y esto es lo que los diamantes generalmente te enseñan cuando los dibujas. Ahora, veamos qué significa cada carta en este palo.

As de diamantes: Robar esta carta significa que hay algo importante que aprenderás sobre tu negocio. Es una señal de que hay potencial para que hagas algo de ti mismo financieramente o que la abundancia está llegando a ti. El mensaje aquí es que debes prepararte para la prosperidad financiera y otras oportunidades de crecimiento en un sentido material, para que puedas experimentar estabilidad en ese aspecto de la vida.

2 de diamantes: Cuando veas esta carta, espera recibir buenas noticias sobre tus inversiones. El número dos representa la idea de la dualidad y el equilibrio, por lo que sacar esta carta significa que debes encontrar un equilibrio entre tus actividades materiales y el crecimiento espiritual. Implica que debe encontrar un equilibrio en la asignación y el uso de sus recursos.

3 de diamantes: La carta 3 de diamantes demuestra cierta incertidumbre con respecto a las finanzas. Si no tienes cuidado, puedes verte atrapado en problemas legales. Alternativamente, esta carta representa manifestar tu abundancia por fin, trabajar con tus habilidades prácticas y mejorar tu oficio. Esta carta te dice que tienes talentos que debes desarrollar y trabajar duro, ya que así es como obtendrás la prosperidad que buscas.

4 de diamantes: Robar esta carta significa que debes ser más responsable con tus finanzas para mantenerte estable. Se trata de acumular una inmensa riqueza tomando decisiones sensatas e inteligentes y trabajando duro en tus objetivos.

5 de Diamantes: Debes esperar algún tipo de cambio económico. Puede ser bueno o malo, pero sea lo que sea, definitivamente requiere preparación. Es posible que tengas que lidiar con reveses financieros o tener una ganancia inesperada repentina. La mejor manera de saber lo que podría ser es dentro del contexto de otras cartas. Robar esta carta implica que tienes que ser ingenioso y creativo para manejar la situación.

6 de Diamantes: Es hora de prestar atención a tus deudas. Haz todo lo posible por resolverlas. Además, mira tu presupuesto y ajústalo o crea uno si no lo tienes. También debe considerar la posibilidad de invertir para su futuro financiero. El 6 de diamantes también es una carta de generosidad, bendiciones, dar y recibir. Te dice que cuanto más das, más recibes.

7 de diamantes: Sé consciente de lo que haces con tu dinero, especialmente en lo que respecta a la inversión. Debes evaluar tus opciones cuidadosamente antes de tomar una decisión. Sé prudente con lo que haces con tus recursos. Piensa en tu situación financiera antes de tomar una decisión importante o invertir tu dinero en algo.

8 de diamantes: Robar esta carta es encantador porque una gran e inesperada ganancia está a la vuelta de la esquina. El número 8 es una reminiscencia del signo del infinito, y puedes esperar una buena cantidad de dinero que es lo suficientemente impactante como para sentir una abundancia infinita. No pierdas de vista el premio y mantente dedicado a tu objetivo, aunque parezca imposible.

9 de diamantes: Esta carta te dice que has alcanzado o estás cerca de alcanzar la plenitud en tus esfuerzos financieros. El número nueve representa las terminaciones y los finales; Por lo tanto, esta carta también podría representar la idea de terminar un viaje financiero en el que has estado, habiendo alcanzado finalmente la seguridad. Es la carta de la materialización de todo lo que siempre has querido lograr en relación con tus finanzas y negocios.

10 de diamantes: Te estás acercando al cenit de tus logros. Has trabajado duro y ahora disfrutarás de los frutos de tu trabajo. Serás recompensado en gran medida por elegir el mejor y más equilibrado camino hacia el éxito.

Sota de diamantes: Esta carta representa a alguien lleno de ambición. Esta persona práctica se aplica diligentemente a su trabajo, manteniendo sus objetivos profesionales a la vista. Esta persona puede ser hombre o mujer y está motivada para comenzar las cosas y tener éxito en el emprendimiento. También es joven (por lo general). Algunos, sin embargo, dicen que la sota de diamantes representa a alguien que te trae malas noticias financieras. Puedes saber cuál es el caso trabajando en el contexto de las otras cartas que has robado (o vas a robar) y la pregunta que se está respondiendo.

Reina de diamantes: Representa a una mujer o fuerza femenina con amor por las fiestas y los chismes. Puede pensar en esta carta como alguien que es abundante, práctico y tiene mucha sabiduría para compartir con usted cuando se trata de finanzas. La carta se trata de ser financieramente independiente y prudente con tu dinero para que lo crezcas aún más.

Rey de diamantes: Esta carta puede representar a un hombre de negocios (o una mujer de negocios con energía masculina) que ha encontrado un gran poder y éxito en sus asuntos. Esta persona está a cargo de la riqueza y es una tomadora de decisiones responsable. La carta representa tu poder para crear abundancia para ti mismo, dominar las finanzas y administrar tus recursos con gran sabiduría.

Los clubes

A veces, el palo de tréboles se conoce como el palo de bastón o bastos. Su energía es una representación del fuego de la creatividad y la inspiración. Este palo está conectado con tu crecimiento, pasión y ambición. Se trata de iniciar nuevos emprendimientos. Se trata de la chispa de inspiración que obtienes para comenzar algo nuevo. Cada vez que robas una carta del palo del trébol, representa dar a luz nuevas ideas y nutrir esas ideas para que florezcan en su plenitud.

El palo de club sirve para descubrirte a ti mismo y desarrollar tu conciencia espiritual hasta el punto en que puedas usarla para influir en tu vida física. Todas las cartas que robas de este palo ofrecen una guía que se alinea con tu inspiración. En otras palabras, toda la sabiduría que recibes de estas cartas está arraigada en los principios espirituales que gobiernan la vida.

Los clubes tienen que ver con tu pasión y determinación para tener éxito. Se trata de expresar tu vocación más elevada como líder y elegir la actitud de determinación cuando te embarcas en cualquier esfuerzo creativo. Los clubes llevan la energía de hacerse cargo de afirmar tu auténtico yo. A menudo, cuando las personas sacan esta carta, se les pide que expresen su fuerza interior cuando se enfrentan a los desafíos de la vida.

El palo de trébol también está conectado con la intuición. Se trata de despertar tus habilidades psíquicas latentes y usarlas siguiendo la sabiduría divina para traerte la visión espiritual y los cambios físicos que deseas. Los clubes te piden que confíes en la voz de tu interior porque es la voz de la verdad y la pasión transformadora. Por lo tanto, el palo de club tiene que ver con la alquimia, tomando la materia prima de la pasión dentro de ti y convirtiéndola en la manifestación que buscas. Ahora es el momento de examinar lo que representa cada carta del palo de los tréboles.

As de tréboles: Representa el deseo de saber todo lo que puedas. También puede representar una habilidad o talento único que solo tú posees. Esta carta es la esencia del fuego. Se trata de la energía creativa que utilizas para nuevas ideas. Robar esta carta significa que estás a punto de comenzar algo nuevo a lo largo de líneas creativas o espirituales que te apasionan.

2 de tréboles: Esta carta trata sobre la cooperación y la combinación de tus ideas con las de los demás. Ayuda a reconocer las fuerzas creativas dentro de ti y de otra persona y encontrar una manera de unirlas que funcione. Esta carta también es un recordatorio de que debes comunicarte de manera clara y sincera con los demás y hacer todo lo posible para no enredarte en confrontaciones para evitar meterte en una situación en la que te decepciones.

3 de tréboles: Cuando robas esta carta, representa una cantidad extrema de creatividad (lo cual es algo bueno) o el estrés al que debes someterte al crear algo. Los tres clubes también representan las ideas de expansión y crecimiento y la comprensión de que puedes crear mucho más de lo que creías posible. Cuando robas esta carta, te pide que mires hacia adentro y descubras tus habilidades y hagas todo lo posible para desarrollarlas. A medida que lo hagas, se te presentarán oportunidades, lo que te permitirá ampliar tus horizontes y lograr mucho más de lo que creías posible. Esta carta también te pide que seas entusiasta y optimista sobre las cosas nuevas que se te presenten y que estés dispuesto a probar cosas fuera de tu zona de confort.

4 de clubes: Encuentra una manera de arraigar tu energía creativa. En otras palabras, se supone que debes encontrar salidas prácticas para que esa energía convierta el potencial en algo real. El 4 de tréboles tiene que ver con los cimientos, la estabilidad y tener un marco sólido para tus ideas. Se trata de perseguir tus objetivos creativos a largo plazo. Robar esta carta también significa que debes hacer todo lo posible para cultivar un sentido estable de ti mismo y paz mental para experimentar algo increíble.

5 de clubes: Necesitas cambiar algo en tu vida. Es un buen momento para descubrir cosas nuevas. Es posible que te sorprendas gratamente al descubrir que tienes afinidad por un deporte o pasatiempo que nunca pensaste que te interesaría. Espera lidiar con conflictos y desafíos a medida que te expresas creativamente. Para superar estos desafíos, debes ser flexible y estar dispuesto a cambiar. Busca formas innovadoras de solucionar tus problemas. Ser resiliente y perseverante en todo te ayudará.

6 de tréboles: Esta es una carta de éxito y victoria en tus esfuerzos creativos. Serás o estás siendo reconocido por todo lo que has logrado en el campo de la creatividad. Es el resultado de todo el trabajo que has puesto para conseguir tus objetivos y de que todo el mundo reconozca finalmente tu destreza creativa. Esta carta afirma que eres una potencia creativa y debes apoyarte en tu intuición para obtener cosas mejores.

7 de clubes: Te sientes atascado, atrapado o confinado. Esto podría ser no solo en tu vida creativa, sino también en tu vida romántica. Necesitas tomarte un tiempo para ser introspectivo. Reflexiona sobre tu vida hasta ahora y explórate a ti mismo, así es como crecerás. Debes buscar orientación desde adentro y asegurarte de que cualquier proyecto creativo en el que estés involucrado se alinee con tus verdaderos valores.

8 de tréboles: La energía de esta carta es el progreso. Se trata del impulso que experimentas mientras trabajas para lograr tus objetivos creativos. Manifestarás las visiones que has tenido en tu mente a medida que eres impulsado hacia el éxito. Robar esta carta significa que debes concentrarte y mantenerte decidido mientras persigues tus sueños. Algunos lectores dicen que esta carta también es una señal de que estás luchando contra la confusión. Dicen que significa que debes tener cuidado porque puedes experimentar problemas importantes en relación con los demás si no resuelves tu problema.

9 de tréboles: 9, el número de finalización, implica que esta carta se trata de terminar una fase o proyecto. Por fin has conseguido los sueños que buscabas. La satisfacción que has buscado durante mucho tiempo es ahora tuya.

10 de tréboles: Esta carta dice que viajarás pronto. Tus viajes son esenciales para tus esfuerzos creativos. Por lo tanto, no caigas en la tentación de dejar pasar la oportunidad de ir a un lugar nuevo. Esta carta también representa la mezcla de lo que sabes y has experimentado para aplicarlo a tu trabajo creativo.

Jota de tréboles: La jota de tréboles es alguien en quien puedes confiar. Esta es una persona honesta que se esfuerza por decirte todo lo que debes saber. Esta persona puede ser un amigo cercano tuyo.

Reina de tréboles: La reina de tréboles es una mujer llena de carisma. Está en una posición de poder. Ella puede ayudarte con cualquier cosa que busques aprender o lograr.

Rey de tréboles: Representa a un hombre que nunca se compromete cuando se trata de su integridad. Este hombre es una excelente persona para tener a tu lado como amigo porque constantemente demuestra ser leal y generoso.

Las picas

El palo de picas también se conoce como palo de espadas. Este palo tiene que ver con los obstáculos y dificultades que debes enfrentar. Muy a menudo, el palo se considera negativo. Por lo general, se trata de tener que tomar decisiones muy difíciles en la vida sobre cosas importantes.

El palo de picas tiene que ver con la comunicación, el intercambio de ideas y el intelecto. Está conectado con la idea de ser racional y trabajar con el poder de tu mente. La espada a menudo se ve como un símbolo que representa el discernimiento en la toma de decisiones. Puedes usarlo para cortar a través de pensamientos confusos y nublados, para que puedas llegar al corazón y la verdad del asunto.

Las cartas de este palo están destinadas a ayudarte a descubrir la diferencia entre lo que es real y lo que solo parece ser real. Robar cartas de este palo te ayudará a tomar decisiones informadas basadas en hechos sólidos. Este palo también está relacionado con el poder en tu lengua, en el sentido de que puedes dar vida o matar, dependiendo de las palabras que elijas al interactuar con los demás. Las picas pueden ayudarte a descubrir cómo lidiar con temas delicados y expresarte para que entregues la verdad sin dañar gravemente a alguien.

Otra cosa sobre el palo de picas es que te ayudará a descubrir las creencias limitantes que te impiden alcanzar tus ideales más altos. Si sabes que puedes soportar la verdad sobre ti mismo, no rehuirás cualquier lectura con una pala. Comprenderás el poder que puedes usar para tu beneficio, ya que puede ayudarte a transmutar conflictos y desafíos en oportunidades para mejorar de todas las formas posibles. Ahora que entiendes de qué se trata el palo de picas, es hora de hablar de las cartas individuales de este palo.

As de picas: Te enfrentarás a cambios importantes en tu vida. Algo a lo que te has acostumbrado tendrá que terminar para dejar espacio a lo nuevo. Esta carta representa el hecho de que tu mente tiene un potencial e intelecto infinitos.

2 de picas: Te vas a encontrar con una situación difícil. Si se maneja incorrectamente, esto puede llevarlo a usted y a un ser querido a separarse. Debes considerar cuidadosamente tus elecciones ahora, considerando varios puntos de vista para tomar una decisión equilibrada.

3 de picas: Estarás triste debido a algo estresante. Es posible que recibas noticias terribles. También existe la posibilidad de que su seguridad laboral se vea amenazada. O bien, puede estar lidiando con el miedo y la indecisión con respecto a un determinado asunto. El tres de picas también trata sobre expandir tu mente a través del aprendizaje, descubrir las habilidades que tienes dentro de ti y seguir tus ideas para ver a dónde te llevan.

4 de picas: Debes esperar que tu salud o tu carrera se estabilicen pronto. Los tiempos difíciles con los que has estado lidiando o que están a punto de llegar a su fin. Esta carta es la energía de la estabilidad y la organización con respecto a tus actividades intelectuales. Te pide que seas disciplinado en tus asuntos.

5 de picas: Muy pronto, tendrás que alejarte de algo con lo que te has familiarizado. Es posible que dejes tu trabajo por uno nuevo o se traslade a una nueva casa. También es posible que estés lidiando con el final de tu relación romántica. El 5 de picas es una carta que encarna los conflictos con los que debes lidiar en tu mente cuando te enfrentas a la adversidad. La carta te dice que la tormenta es la oportunidad para que crezcas y te conviertas en algo más aprovechando tu resiliencia interior.

6 de picas: Espera que te sacudan en tu carrera o en tus finanzas. Esta carta también representa el camino que debes tomar desde tu actual estado de confusión hasta la claridad. Esta carta te llama a salir de tu pensamiento limitado hacia ideas más expansivas.

7 de picas: Pronto, es posible que tengas que lidiar con la pérdida de alguien importante debido a desacuerdos u otros problemas. Además, el 7 de picas te pide que mires dentro de ti mismo y cuestiones tus creencias para expandirte más allá de la jaula en la que te han atrapado. Esta es una carta de autoconciencia.

8 de picas: Es posible que tengas que luchar con desafíos en el trabajo. Estos desafíos te obligarán a llegar a un punto en el que debes tomar una decisión crítica sobre qué hacer a continuación. Esta es la carta de la fortaleza mental y la determinación. Te abrirás camino a través de este obstáculo de una forma u otra.

9 de picas: Puede experimentar una pérdida debido a la muerte. Esta carta también te pide que hagas lo que debas para liberarte de los patrones de pensamiento negativos para poner fin a la fase actual de dificultades de tu vida y pasar a algo más nuevo y mejor.

10 de picas: Lucharás con el dolor y la preocupación. Esto podría deberse a que estás luchando con problemas de salud o a las secuelas de las malas noticias. También es posible que te des cuenta de que el miedo te atenaza. Es importante entender que esto es temporal.

Jota de picas: Es extremadamente negativo. Si no tienes cuidado, te apuñalarán por la espalda. También te están impidiendo lograr lo que necesitas. Por lo tanto, es importante echar un vistazo crítico a las personas en tu vida para identificar a la persona tóxica y deshacerte de ella lo antes posible.

Reina de picas: Esta mujer es experta en manipular a los demás para conseguir lo que quiere. A menudo, los resultados de su manipulación no benefician a nadie más que a ella. Debes tener cuidado con este personaje porque es extremadamente cruel y está constantemente al acecho para mostrar su malevolencia hacia cualquiera que esté a su alcance.

Rey de picas: Este individuo es un hombre que tiene autoridad y tiene la costumbre de causar problemas dondequiera que esté. Debes tener cuidado con este personaje porque te causará problemas, especialmente en lo que respecta a tu relación.

Ahora que entiendes lo que implica cada carta, también puedes consultar con tu intuición para ver qué más captas durante la lectura de la carta. Recuerda que estas son solo pautas y que sus significados pueden cambiar drásticamente dependiendo del contexto en el que aparezcan las cartas. El siguiente capítulo revelará todo lo que necesita aprender sobre los pliegos y diseños que puedes usar en cartomancia.

Capítulo cuatro: Pliegos y diseños

En este capítulo, aprenderá que existen varios métodos de cartomancia. En última instancia, eres tú quien decide la técnica y el mazo de cartas específico que se utilizará. En este capítulo, conocerá los sistemas de reparto básicos más comunes y, más adelante, los más complejos.

Los sistemas de reparto básicos

Los siguientes sistemas de reparto son los más comunes y vale la pena analizarlos antes de sumergirse en las cosas más complejas.

El robo de una carta

Robar una carta[7]

Este es uno de los sorteos más fáciles que puedes usar en tu práctica. Todo lo que tienes que hacer es sacar una carta del mazo para responder a una pregunta específica u obtener información sobre un problema en particular con el que estás lidiando. Lo bueno de este sorteo es que es apto para principiantes y puedes obtener información detallada con una sola carta.

Para realizar un robo de una carta, primero debes entrar en un estado meditativo aquietando tu mente. Luego, baraja las cartas sin perder de vista tu intención o pregunta. A medida que barajes, recibirás un empujón intuitivo cuando sea el momento de detenerte y elegir una carta del mazo.

Una vez que hayas sacado la carta, es hora de interpretar su significado. Esto significa que debes hacer una pausa para mirar los colores, las imágenes y los símbolos que pueda tener la carta. Debes entender que cada carta posee una historia única que busca ser interpretada a través de tu intuición. Por lo tanto, debes tomarte tu tiempo con esto y no tener prisa por decir algo. Si tienes problemas para entender lo que la carta está tratando de decirte, no tengas miedo de robar otra (aunque esta no sería la carta de robar cuando lo hagas).

Una de las principales ventajas de trabajar con este robo de una carta es que es lo suficientemente simple como para establecer una conexión profunda con las cartas que robas. Cuando te enfocas en una sola carta, te resulta más fácil aprender a trabajar con tu intuición e interpretar mejor el significado de cada carta presentada, dependiendo del contexto. El robo de una carta es la mejor opción cuando no tienes suficiente tiempo o tienes prisa.

Por muy bueno que sea este sorteo, debes darte cuenta de que no ofrece una perspectiva lo suficientemente amplia sobre tu pregunta o situación en comparación con los sistemas de repartición más complejos. Esto se debe a que se obtiene información de una sola carta en lugar de varias. Sin embargo, esto no significa que debas rechazar el método de robo de una carta, ya que aún puede darte las respuestas más profundas.

La tirada de tres cartas

La tirada de tres cartas°

Como ya has deducido del nombre de la tirada, la tirada de tres cartas es aquella en la que sacas tres cartas del mazo y las colocas en un patrón específico para indicar ciertas cosas. Hay varias iteraciones de la tirada de tres cartas. Echemos un vistazo a cada uno de ellos.

Pasado - presente - futuro: Este es un método clásico para trabajar con una tirada de tres cartas que te permite conocer las circunstancias e influencias que rodean tu ubicación actual. La primera carta es tu pasado y te permite saber cómo llegaste a donde estás. La segunda carta representa tu presente y demuestra exactamente a qué te enfrentas con respecto a los desafíos y oportunidades. La última carta te muestra lo que podría deparar el futuro. Te permite ver posibles resultados si continúas tu camino.

Mente - cuerpo - espíritu: Esta tirada te mostrará lo que está sucediendo dentro de ti mismo en diferentes niveles. La primera carta que se roba representa tu mente. Está destinado a mostrarte los pensamientos que tienes conscientemente y debajo de la superficie, en qué crees y tus metas académicas. La segunda carta es representativa de tu cuerpo. Esta carta te muestra el estado de tu salud y bienestar y otra información importante sobre tu estado físico. La última carta extraída representa tu espíritu, dándote una idea del camino que recorres espiritualmente, cómo puedes crecer y cómo puedes confiar en tu intuición para convertirte en un ser evolucionado.

Problema — acción — resultado: Trabajando con esta técnica, la primera carta representa el obstáculo o problema con el que estás lidiando. Te muestra su verdadera fuente para que puedas abordarla en su núcleo. La siguiente carta es la acción que debes tomar para arreglar lo que esté roto. La última carta es el resultado o resultado que debe esperar si sigue la ruta de acción recomendada.

Lo mejor de la tirada de tres cartas es que también es sencilla para los principiantes. Mejor que el robo de una carta, este método te da una comprensión más completa de la pregunta. Trabajar con elementos como tu pasado, presente y futuro te da una perspectiva profunda y holística de tu situación actual. Esto implica que puedes tomar decisiones a partir de suficientes datos basados en la verdad, y te sentirás más cómodo y seguro al seguir tu camino.

A pesar de lo bueno que es una repartición de tres cartas, tiene algunas limitaciones. Por ejemplo, esta tirada de cartas puede no ser adecuada para profundizar en la naturaleza compleja e intrincada de ciertas circunstancias en las que es posible que necesites más información. Ofrece una instantánea de las cosas en lugar de entrar en la situación. Otro aspecto que debes tener en cuenta: el significado de cada carta puede sacarse de contexto si no consideras las tres cartas como una unidad. Por lo tanto, debes considerar cómo interactúa cada carta con las demás antes de ofrecer su lectura.

La extensión de la cruz celta

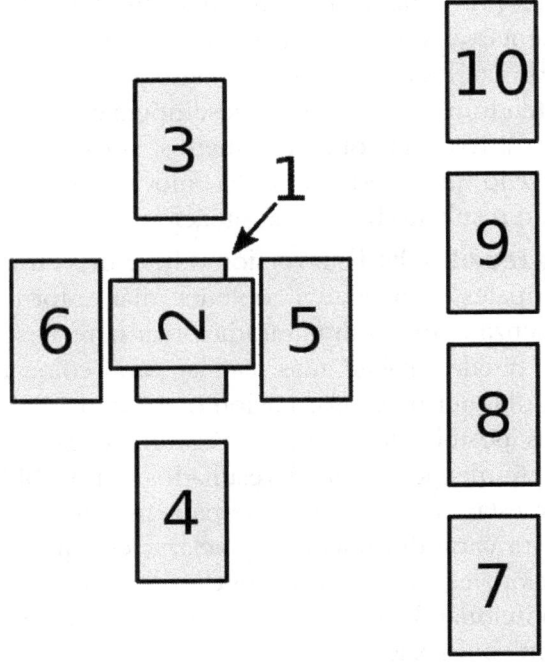

La cruz celta se extendió°

La tirada de la cruz celta es una tirada interesante con 10 cartas configuradas para formar una cruz y un bastón. La primera mención conocida de la cruz celta fue en 1910 por A. E. Waite en la introducción de *Una clave pictórica del Tarot*. Waite formaba parte de la orden hermética de la Golden Dawn, que a menudo utilizaba esta extensión específica. Hay varias formas de hacer la tirada de la cruz celta.

La cruz celta tradicional: Con esta tirada, se colocan 10 cartas en el patrón de la cruz. La primera carta representa el tema sobre el que desea claridad. Habla del tema principal de la pregunta que se plantea. La segunda carta representa las fuerzas que influyen en la situación a la que te enfrentas y los retos a los que debes enfrentarte. La tercera carta es tu mente subconsciente, y está destinada a ayudarte a aprender los factores subyacentes en esa situación y las motivaciones ocultas de todos los jugadores involucrados. La cuarta carta representa tu pasado muy reciente. Te dice todo lo que necesitas saber sobre lo que te llevó a donde estás.

La quinta carta representa un posible resultado futuro o las energías que entran en juego. La sexta carta es su futuro inmediato y ofrece información sobre qué esperar en los próximos días o semanas. La séptima carta te representa. Te muestra tu actitud hacia la circunstancia a la que te enfrentas y cómo la estás abordando. La octava carta es representativa de las fuerzas externas, como los acontecimientos y las personas, que tendrán un papel que desempeñar en el resultado final. La novena carta arroja luz sobre tus sueños, miedos y esperanzas. Te ayuda a entender lo que te está pasando emocionalmente. La carta final es la resolución o resultado final de la situación.

La cruz celta modificada: Esta versión difiere de la tradicional en que las cartas adicionales te ayudan a obtener más información sobre la situación. Comienza como la tirada tradicional, pero después de esas 10 cartas clásicas, puedes robar más cartas para colocarlas en ciertas posiciones para obtener más información o claridad sobre esos aspectos. Por ejemplo, es posible que desees más información sobre la quinta carta para comprender los posibles resultados del problema con el que estás lidiando y estar mejor preparado para manejarlos, de modo que puedas robar otra carta del mazo para aclarar esa quinta. Lo mejor de estas cartas adicionales es que hacen que su lectura sea más matizada y profunda, proporcionando una respuesta más satisfactoria sobre la que puede actuar con confianza.

Lo maravilloso de la cruz celta, ya sea la versión tradicional o modificada, es que puedes usarla no solo para mirar tu pasado, presente y futuro, sino para comprender todo lo que está sucediendo, a nivel consciente y subconsciente. Es una cartomancia flexible porque puede abordar todos los aspectos de tu vida, como el crecimiento personal, la vida amorosa, las finanzas, etc. Cuando colocas todas las cartas en una tirada de cruz celta, se te presenta la mezcla heterogénea de simbolismo que proporciona una interpretación mucho más rica, estratificada y detallada de los acontecimientos.

A pesar de lo grande que es esta tirada, tiene ciertos inconvenientes. Por un lado, puede ser demasiado compleja para algunas personas. Requiere una comprensión profunda de la interacción entre las cartas y cómo sus significados se afectan entre sí. Por lo tanto, como nuevo practicante de la cartomancia, debes comprender lo que significa cada carta y familiarizarse con cómo estos significados pueden influirse entre sí antes de comenzar a trabajar con esta tirada. Te encontrarás con retos a la hora de interpretar las cartas. Aun así, si eliges ser paciente, trabajar con tu intuición y seguir practicando, te darás cuenta de que te vuelves más experto en trabajar con la cruz celta.

El gran cuadro

Grand Tableau Layout

Using all 36 cards in the deck, lay out the cards in the order shown above
4 rows of 8 cards
1 row of 4 cards

La extensión del gran cuadro

El gran cuadro es una tirada que requiere el mazo de Lenormand. *Grand Tableau* es francés, y significa "panorama general". Lo bueno de la extensión es que te dará una vista panorámica de todo en tu vida, desde el pasado hasta tu presente y futuro. Hay varias formas de usar la tirada de *Grand Tableau*.

El gran cuadro tradicional: En esta tirada, colocarás 36 cartas en un patrón particular para formar una cuadrícula. Cada carta tiene su posición que representa los diversos aspectos de tu vida o la pregunta que estás haciendo. Por lo general, el diseño tiene varias filas y columnas, y todas se cruzan para crear un nuevo significado. Las distintas posiciones pueden tener diferentes significados dependiendo del sistema de interpretación que se siga.

El gran cuadro de la pregunta enfocada: Esta variación de la tirada del gran cuadro se enfoca en un solo área de tu vida o en una pregunta. Trabajas con las 36 cartas. Sin embargo, la ventaja de esta versión del gran cuadro es que te permitirá concentrarte en las cartas específicamente conectadas a tu consulta. Cuando prestas atención específica a las intersecciones o puntos clave vinculados a tu pregunta, puedes obtener una sabiduría profunda sobre esa área de tu vida.

El *Grand Tableau* es otra tirada que le ofrece una visión profunda y completa de su situación. El nivel de matices y detalles que puedes alcanzar con esta extensión es asombroso y muy útil. Esta también es una excelente extensión para pronosticar su posible futuro. Por supuesto, esto no está exento de inconvenientes, ya que se trata de una tirada bastante compleja, y requiere mucho tiempo y concentración para interpretarla correctamente.

El árbol de la vida se extendió

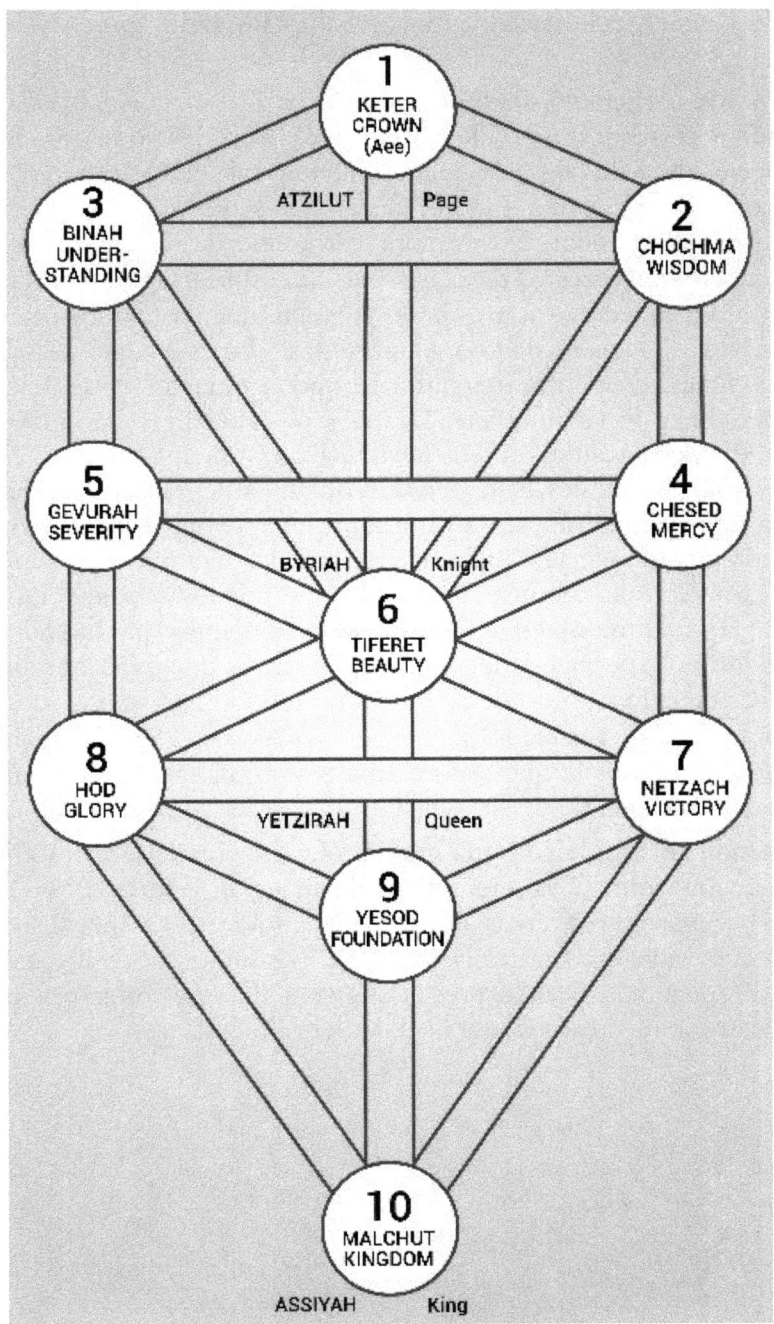

El árbol de la vida se extendió

Esta difusión tiene sus raíces en la antigua sabiduría cabalística. Está inspirado en el árbol de la vida de la cábala. Hay varias formas de usar la tirada.

La tirada tradicional del árbol de la vida: Las cartas están diseñadas para imitar el árbol de la vida en la cábala. Hay 10 posiciones en este diseño, cada una de las cuales representa una raíz en el árbol. Las cartas están colocadas de arriba a abajo, y cada raíz se conecta con un aspecto específico de la vida. La primera carta aborda la espiritualidad y representa lo que crees y practicas en tu vida espiritual y tu conexión con lo divino. La siguiente carta es la de persona, que da una idea de cómo apareces a los ojos de otras personas. La siguiente es la del subconsciente. Esta carta expondrá lo que realmente sientes, deseas y piensas debajo de la superficie. Después de esta carta está la de casa y familia, que le muestra cómo es la vida con los miembros de su familia. La siguiente demuestra tu conexión con tus antepasados, así como la historia de tu familia. La sexta carta representa cómo se ha desarrollado tu pasado y cómo afecta a tu realidad actual. La séptima carta demuestra tu conexión con otros reinos, como el mundo de los espíritus. La octava carta de la sabiduría muestra todos los conocimientos que has adquirido a través de tu experiencia de vida. La novena es una carta que muestra cómo has crecido y te has desarrollado o cómo lo harás en el futuro. La carta final es la de resultado que demuestra los resultados probables de la circunstancia con la que estás lidiando si continúas en el camino de acción que has elegido.

La tirada del árbol de la vida modificada: Esta tirada se ha modificado de tal manera que ofrece más flexibilidad en la lectura de las cartas. Puedes asignar ciertas áreas de tu vida a posiciones específicas en el árbol de la vida que se relacionen con el asunto sobre el cual estás haciendo preguntas. Podrías prestar atención solo a asuntos relacionados con tu carrera, tu vida amorosa o cualquier otra cosa.

La expansión romaní

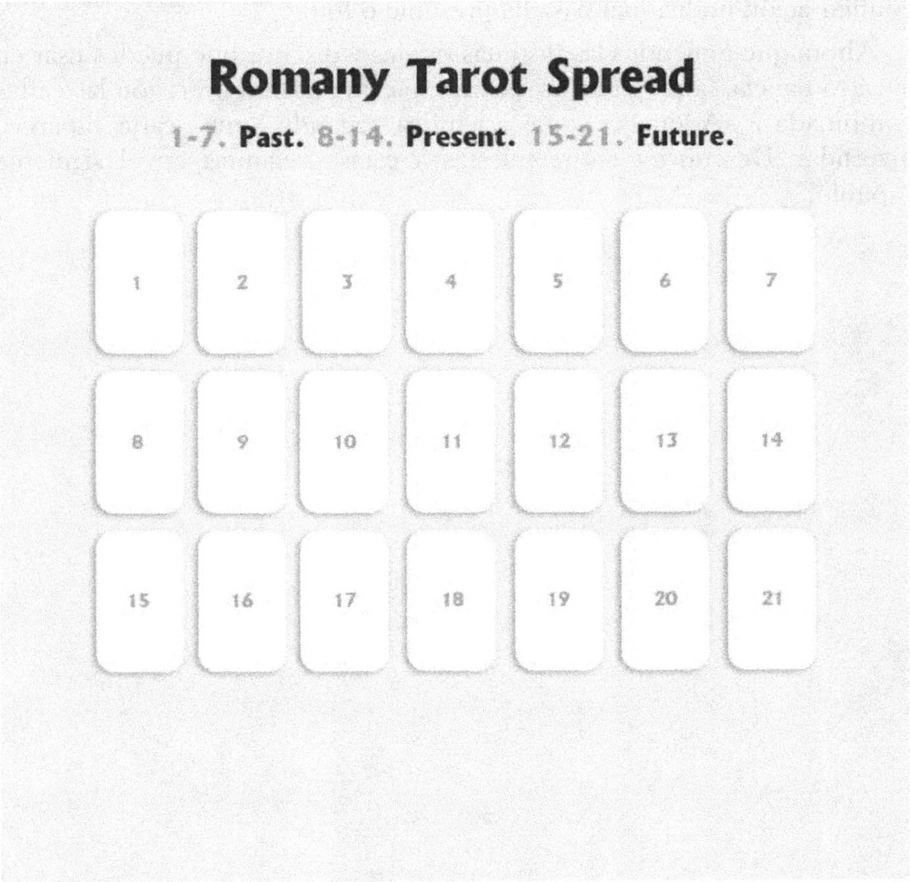

Romany Tarot Spread
1-7. Past. 8-14. Present. 15-21. Future.

1	2	3	4	5	6	7
8	9	10	11	12	13	14
15	16	17	18	19	20	21

La expansión romaní

Esta tirada requiere 21 cartas dispuestas en tres filas con siete cartas por fila. También se le conoce como la extensión gitana.

La tirada tradicional romaní: Cada fila representa un aspecto de tu existencia en esta tirada. La primera representa el pasado, la segunda representa la presente y la última representan el futuro. Las cartas se leen secuencialmente para obtener información sobre todas las influencias que afectan tu vida.

La crema romaní modificada: Esta es similar a la tradicional, excepto que puedes personalizarla según tus necesidades. Por ejemplo, puedes agregar o eliminar cartas. Puedse agregar filas adicionales si cumplen con su propósito o ajustar el diseño para que solo se concentre en aspectos específicos de la vida que no necesariamente se correlacionen con la configuración tradicional pasada, presente o futura.

Ahora que entiendes las distintas tiradas y diseños que puedes usar en la cartomancia, la pregunta es, ¿cómo interpretas con precisión las cartas combinadas? Además, ¿qué significa cuando una carta aparece invertida? Descubrirá las respuestas a estas preguntas en el siguiente capítulo.

Capítulo cinco: Combinaciones y cartas invertidas

Al leer varias cartas, es importante comprender que siempre influirán en el significado general que obtenga de su lectura. Esto se debe a que las energías de las cartas interactúan entre sí de maneras únicas, que varían de un contexto a otro. En este capítulo, aprenderás a interpretar varias cartas que aparecen en un diseño o tirada y a comprender las cartas invertidas que definitivamente aparecerán.

Se pueden encontrar patrones al leer varias cartas[10]

Búsqueda de patrones

Buscar patrones en las diversas combinaciones de cartas que robas puede agregar más dimensión y profundidad a tus lecturas. Es común buscar patrones en parejas, tríos o cuartetos, para que puedas descubrir las conexiones subyacentes y otros significados ocultos que no son fáciles de captar de inmediato.

Pares: El primer patrón a tener en cuenta se conoce como par. Esto es cuando tienes dos cartas con números o palos similares que aparecen una al lado de la otra. A continuación se presentan algunas interpretaciones de palabras clave de los diversos pares que puede encontrar. Aun así, ten en cuenta que también debes trabajar con tu intuición porque eso podría ofrecer algo más matizado en tus interpretaciones o incluso diferente de lo que has leído en este libro.

- **Pareja de ases:** Reconexión.
- **Pareja de reyes:** Consejos útiles.
- **Pareja de reinas:** Expresa curiosidad.
- **Par de jotas:** Tener discusiones.
- **Par de dieces:** Nueva suerte.
- **Par de nueves:** Próxima alegría y satisfacción.
- **Par de ochos:** Inestabilidad.
- **Par de sietes:** Amor compartido.
- **Par de seises:** Contrastes y diferencias.
- **Par de cincos:** Inseguridad.
- **Par de cuatros:** Pequeñas oportunidades.
- **Pareja de tres:** Tomar decisions.
- **Par de dos:** Separación.

Pareja de comodines: Cualquier cosa puede pasar con los **tríos:** Estos patrones aparecen de tres en tres. Las siguientes son las interpretaciones de cada trío:

- **Trío de ases:** Armonía y equilibrio.
- **Trío de reyes:** Excelente soporte.
- **Trío de reinas:** Chismes.

- **Trío de jacks:** Energía pendenciera.
- **Trío de diez**: Recompensa.
- **Trío de nueves:** Éxito.
- **Trío de ochos:** Carga aligerada.
- **Trío de sietes:** Logro y realización.
- **Trío de seises:** Dedicación y trabajo duro.
- **Trío de cincos**: Satisfacción.
- **Trío de cuatros**: Altas probabilidades de éxito.
- **Trío de tres**: Equilibrio y estabilidad.
- **Trío de dos:** Cambiar de carril.

Cuartetos: Hay cuatro palos, por lo que, naturalmente, puedes esperar que aparezcan cuartetos interesantes en las lecturas de vez en cuando. Aquí hay interpretaciones de palabras clave de cuartetos para guiarte:

- **Cuarteto de ases**: Victoria.
- **Cuarteto de reyes:** Éxito, reconocimiento y honor.
- **Cuarteto de reinas:** Sucesos escandalosos.
- **Cuarteto de jotas**: Peleando y batallando.
- **Cuarteto de diez:** Mejores cambios.
- **Cuarteto de nueves**: Ganancias e inesperadas buenas noticias.
- **Cuarteto de ochos:** Preocupación.
- **Cuarteto de sietes:** Igualdad.
- **Cuarteto de seises:** Dificultades repentinas y curvas.
- **Cuarteto de cincos:** Alegría y felicidad.
- **Cuarteto de cuatros:** 50-50 probabilidades.
- **Cuarteto de tres**: Optimismo y esperanza.
- **Cuarteto de dos:** Estar en una intersección, encrucijada y elecciones.

Teniendo en cuenta los números

A la hora de interpretar las cartas dibujadas, debes tener en cuenta el significado de los números, ya que añadirán más profundidad al significado que obtengas de ellas. Cada número tiene una energía y un significado únicos, lo que te brinda una mayor claridad cuando los entiendes. También puedes ver los números desde el contexto de la numerología, que es el estudio de la influencia de los números en todos y cada uno de los aspectos de la vida cotidiana. Algunos cartomantes asignarán a cada número dos significados, que son opuestos. El significado positivo se aplica cuando el número aparece en un palo rojo. La interpretación negativa se usa en su lugar si está en el palo negro. Dicho esto, aquí hay un vistazo a los significados de cada número cuando se trabaja con este sistema:

- 1 — Comienzo o final; comienzo o finalización.
- 2 — Trabajar juntos o trabajar unos contra otros.
- 3 — Aumento o reducción; expandirse o contraerse.
- 4 — Estabilidad o inestabilidad; equilibrio o desequilibrio.
- 5 — Acción o reposo.
- 6 — Comunicación o silencio; conocimiento o ignorancia.
- 7 — Mejora o regression.
- 8 — Salud o enfermedad; curación o deterioro de la salud.
- 9 — Sueños o decepciones.
- 10 — Victoria o derrota; éxito o fracaso.
- 11 (la Jota) — Pensar o hablar.
- 12 (la Reina) — Guía externa o sabiduría interna.
- 13 (el Rey) — Guiar o seguir.

Posiciones clave

Al observar la tirada, debes prestar atención a las posiciones de las cartas, particularmente las que están en las esquinas o en el centro. Estas cartas son como cimientos para tu lectura; Su significado te ofrecerá una visión profunda que dará forma a las respuestas que busca el lector. La carta del medio es como el corazón de tu lectura, demostrando la esencia principal de la pregunta. No puedes ignorar esta carta porque representa todo lo que sucede aquí y ahora, lo que extiende su influencia como tentáculos hacia el futuro. Al considerar las cartas en el medio, debes hacerte preguntas. Por ejemplo, ¿qué te muestra una carta en el medio sobre la situación actual en la que buscas claridad? ¿Cuál es la conexión de la carta del medio con el reto al que te enfrentas o el objetivo principal que quieres lograr? ¿Qué mensaje transmite esta carta con respecto a los aspectos más importantes de tu vida? Al mirar la carta en el medio, enfocarte en ella y permitir que tu intuición te hable sobre ella, desarrollarás una visión profunda de las fuerzas responsables de tu destino.

También debes tener en cuenta las cartas que aparecen en las esquinas. Por lo general, las cartas de esquina son muy importantes. Dentro de estas cartas, encontrarás las llaves de puertas ocultas en el subconsciente que ayudan a explicar exactamente por lo que está pasando el buscador y sus deseos más profundos.

También es importante que consideres la relación entre las cartas a medida que las lees. Aprenderás muchos secretos teniendo en cuenta lo cerca o lejos que están y las alineaciones que comparten. Por ejemplo, cuando tienes cartas que se enfrentan entre sí a lo largo de tu tirada, estas cartas pueden actuar como espejos entre sí, representando energías opuestas que buscan el equilibrio. Sin embargo, te das cuenta de que ciertas cartas parecen oponerse entre sí. En ese caso, debes preguntarte qué implica eso para tu consulta. A veces, las cartas formarán un puente entre otras cartas. Estas cartas son fáciles de elegir porque notarás el mismo palo o número creando este puente. Es importante prestar atención a estas cosas porque te mostrarán cómo varios elementos bailan entre sí para crear el espectáculo que es tu vida. Ofrecerán detalles mucho más minuciosos que simplemente considerar cartas individuales de forma independiente.

A medida que observas tu tirada, es posible que te des cuenta de que ciertas cartas parecen más prominentes que otras, lo que llama tu atención. Parece como si su energía te estuviera gritando literalmente para que prestes atención. Una de las formas de notar estas cartas es a través de su tamaño o qué tan cerca están del centro. También puedes darle importancia a las cartas en función de su conexión con la pregunta que estabas haciendo. Asegúrate de ponerte en contacto con tu intuición antes de hacer la lectura. Es posible que sientas el tirón energético y emocional de una carta. Es importante prestar atención a cualquier carta que llame la atención y permitir que dicte los temas principales de la lectura.

Asociaciones elementales

Otra forma de obtener significado de la carta es teniendo en cuenta los elementos primarios que poseen las cartas y los palos. Al considerar la interacción de los diversos elementos que aparecen, comprenderá la dinámica de las distintas cartas y cómo se afectan entre sí para brindarle una lectura precisa.

Como ya sabes, cada palo tiene su propio elemento. Puedes volver al capítulo 3 para refrescar tu memoria sobre cada palo. Cuando comprendas las energías elementales contenidas en su palo, puedes tomar esa información y usarla para averiguar lo que pueden implicar las diversas combinaciones de palos en tu lectura. Por ejemplo, cuando te das cuenta de que tienes diferentes palos que actúan alineados, lo que sugiere que los elementos se complementan entre sí. Por ejemplo, obtienes cartas de corazón y diamante en tu lectura. Los corazones son cartas emocionales, y los diamantes son cartas prácticas, y la fusión de estas dos podría indicar estabilidad financiera y consideración por sus sentimientos mientras obtiene libertad financiera.

También es posible tener un choque de energías entre las cartas. Por ejemplo, el trébol es una carta que sugiere fuego y ambición. Si robas esa carta junto con una pica, lo que sugiere ser introspectivo, podría ser una señal de que estás teniendo problemas para encontrar el punto óptimo entre actuar y pensar en algo. Esto significa que tienes que encontrar una manera de equilibrar estas cosas.

A veces, descubrirás que un palo parece dominar toda tu lectura. Esto te dice que la energía elemental es predominante en tu vida. Teniendo esto en cuenta, puedes descubrir pistas que te ayuden a comprender el trabajo y el tema de tu vida. Por ejemplo, descubrir que tu lectura está plagada de diamantes podría significar que estás muy enfocado en el lado material de la vida.

Otra cosa digna de mención que debes considerar es qué tan equilibrada o desequilibrada es la lectura con respecto a la energía elemental. Por ejemplo, cuando la lectura está bien equilibrada, tendrá suficiente representación de los cuatro palos, lo que te dice que tu vida está en armonía y que hay equilibrio en tu vida espiritual, material, emocional e intelectual. Sugiere que eres muy flexible cuando se trata de la forma en que abordas tu vida. Sin embargo, en la situación mencionada anteriormente en la que solo predomina un palo en tu lectura, indica que no has estado prestando atención a otros aspectos igualmente importantes de tu vida. Por ejemplo, en el ejemplo anterior, es posible que hayas estado sacrificando tu salud, tu vida amorosa y otras cosas en el altar de tus aspiraciones financieras.

Revocaciones

A veces, cuando estás leyendo, te encontrarás con cartas invertidas. Estas cartas no deben ser ignoradas porque son extremadamente poderosas, mostrándote partes de tu psique que pueden haber estado ocultas o los aspectos de tu vida que has descuidado. Estas cartas aparecen como una interrupción del flujo de energía. Se invierten porque llaman tu atención, actuando como una llamada de atención para finalmente enfrentar los obstáculos y desafíos a los que te has negado porque meter la cabeza en la arena te hacía sentir más cómodo. Las cartas inversas requieren que te sientas *cómodo con la incomodidad*. Eso es lo que se necesita para superar tus obstáculos, crecer y aprender de ellos.

Las inversiones traen energías contrastantes. Estas energías están destinadas a hacer que la lectura sea aún más precisa. Cuando las cartas están en posición vertical, esto te dice que la energía fluye libremente y que continúas avanzando, generando impulso como lo haces en cualquier esfuerzo que te interese. Sin embargo, una carta invertida aparece como un desafío para oponerse al *statu quo*. Piensa en ello como la representación de los retrasos, los contratiempos con los que lidias y los conflictos a los que te enfrentas en tu interior, que nadie más conoce. Por lo tanto, debes mirar de cerca las cartas invertidas cuando aparecen porque tienen mucha sabiduría sobre la que puedes actuar para llevar tu vida a donde necesitas ir.

Las cartas invertidas te mostrarán los obstáculos con los que has estado lidiando, incluso si no has estado dispuesto a mirarlos porque has tenido miedo. Es importante que cuando todo está en tu contra, elijas ser implacable en tus búsquedas. Debes permanecer resiliente para descubrir la fuerza que no sabías que poseías. Este es el regalo que te ofrecen las cartas invertidas en una lectura.

Otra gran ventaja de estas cartas es que pueden demostrar las partes ocultas y subconscientes de tu vida. Todo el mundo tiene una sombra. No importa lo que hagas para mantener una disposición alegre o lo duro que trabajes para lucir siempre agradable. Todo el mundo tiene un aspecto de sí mismo que preferiría que permaneciera oculto en la oscuridad. Sin embargo, las cartas invertidas te obligan a sondear las profundidades de tu mente inconsciente y finalmente enfrentarte a tus demonios. Cuando tus demonios hayan sido revelados, la buena noticia es que te volverás mucho más consciente de quién eres y de lo que eres capaz, y serás capaz de transmutar la oscuridad en luz.

La carta invertida te obliga a encontrarte cara a cara con la verdad. En otras palabras, actúa como un destructor de ilusiones. Destruirá las mentiras que te has estado diciendo a ti mismo durante mucho tiempo. También expondrá las verdaderas intenciones de otras personas hacia ti, dependiendo de si ese es el enfoque de tu lectura.

Interpretación de cartas invertidas

Aquí hay algunos consejos para interpretar las cartas invertidas en el contexto de otras cartas:

1. Presta atención a las energías opuestas en forma de contrapartes verticales de las cartas invertidas. Por ejemplo, digamos que has notado un rey de diamantes erguido y el as de corazones invertido uno al lado del otro. Esto podría demostrar que estás encontrando muchos conflictos entre tus actividades financieras y tu satisfacción emocional.

2. Ten en cuenta los retrasos y obstáculos a los que te enfrentas y cualquier área de la vida sobre la que preguntes a las cartas. Debes considerar las cartas que rodean a la carta invertida porque esas cartas indican aspectos de tu vida que se verán afectados por las energías de la carta invertida. Por ejemplo, sacar un 7 de corazones y un 5 de picas invertido indica fuertemente que debes lidiar con muchos más contratiempos para lograr tus objetivos.

3. Presta atención a cualquier problema persistente que aún no se haya resuelto. A veces, las cartas invertidas se refieren a asuntos pendientes. Para determinar si este es el caso, considera los patrones entre las cartas invertidas y las otras en el margen. Digamos que tienes un 10 de tréboles invertido y la reina de diamantes invertida. Esto podría sugerir que estás luchando en tu carrera y tus finanzas y debes prestarles atención, o las cosas empeorarán.

4. También debes considerar que las cartas invertidas representan energías ocultas dentro de ti. Señalan los diversos miedos, emociones ocultas y aspectos de ti mismo que te has negado a reconocer que son reales. Para entender la interacción oculta de las diversas energías dentro de ti, debes mirar las cartas que rodean a la carta invertida. Un as de tréboles erguido junto a un 9 de corazones invertido puede significar que has seguido reprimiendo tus necesidades emocionales o que debes mirar todo lo relacionado con tu creatividad y pasión.

Cuando una carta invertida niega una vertical

Es importante identificar cuándo una carta invertida simplemente proporciona más contexto frente a cuando niega rotundamente lo que implica una carta vertical. Puedes averiguarlo observando la dirección visual de cada carta en tu tirada. Una carta entre una carta vertical y una carta invertida muestra que, mientras que la carta del medio se ve afectada por la carta vertical hasta cierto punto, la carta invertida resiste esa influencia. Por ejemplo, supongamos que tienes una reina de corazones entre un rey de corazones y un 8 de tréboles invertido. El rey de corazones es una carta cálida que representa a una persona generosa o alguien en contacto con sus emociones, complementando a la reina de corazones, que indica éxito e influencia. Por otro lado, el 8 de clubes invertido te muestra que hay desafíos con respecto a tus ambiciones o tus recursos materiales y el posible éxito que se te presenta. En esta situación, el 8 de tréboles invertido se opone a la influencia del rey de corazones sobre la reina de corazones.

Debes prestar atención al contraste en el simbolismo entre la carta invertida y cualquier carta vertical que aparezca conectada energética o visualmente. Cuando la carta invertida tiene cualidades directamente opuestas a la carta vertical, esto es una clara señal de negación de la carta vertical.

Independientemente de tu método preferido de adivinar con las cartas, debes entender que la intuición es clave. No puedes confiar en tu intelecto, leyes o memoria del significado de cada carta. Debes aprovechar la fuerte voz de tu intuición para ser guiado adecuadamente a través del confuso laberinto de combinaciones de cartas. Para desarrollar esta intuición, debes aceptar y confiar en lo que te da. Cuanto más confíes en él, más claro lo percibirás y más precisas serán tus lecturas a tiempo. También significa pasar una cantidad significativa de tiempo con las cartas para que puedas entender el idioma que te hablan y sentir sus energías.

Combinaciones de muestras

Aquí hay algunas combinaciones de cartas y posibles interpretaciones que puede extraer de ellas:

As de picas y siete de corazones: Esto podría implicar el comienzo de algo que te cambia profundamente a ti o a tus circunstancias (el As de Picas) de una manera que implique decepción, o que necesites retirarte a tu interior para obtener una visión (Siete de Corazones).

Diez de diamantes y reina de tréboles: Experimentarás abundancia en tus finanzas (Diez de Diamantes) al tener confianza, haciéndote encantador en tus formas (Reina de Tréboles) y atrayendo naturalmente a aquellas personas y situaciones que necesitas para perpetuar dicho éxito.

Rey de corazones, as de diamantes y dos de picas: Esto se refiere a alguien que es profundamente compasivo y generoso (Rey de Corazones) que probablemente te traerá grandes oportunidades de éxito (As de Diamantes), aunque al comienzo de tu conexión habrá desafíos que superar (Dos de Picas).

Jota de tréboles, ocho de corazones y tres de diamantes: Dibujar este combo sugiere que hay una persona joven llena de ambición (Jota de Tréboles) que encontrará la alegría (Ocho de Corazones) al lograr finalmente la estabilidad en sus finanzas a través de elecciones prácticas (Tres de Diamantes).

Cinco de picas, nueve de tréboles, reina de diamantes y rey de picas: Experimentarás un tiempo de cambio (cinco de picas), y para cuando estés del otro lado, habrás llegado al liderazgo y al éxito, habrás terminado tu proyecto o tarea (nueve de tréboles) y habrás hecho todo lo posible para ser sabio con tus inversiones (reina de diamantes). Sin embargo, debes tener cuidado de no usar tu nuevo éxito para causar angustia o problemas innecesarios a otros (rey de picas).

Entonces, ahora sabes cómo entender lo que te dice una combinación de cartas robadas y cómo puedes extraer significado de ellas. ¿Cómo se realiza realmente una lectura? En el siguiente capítulo se explicará el proceso.

Capítulo seis: Realización de una lectura

Las lecturas de cartomancia deben abordarse con la actitud correcta y la preparación adecuada. Este capítulo te mostrará todo lo que necesitas hacer para dar la mejor lectura posible sin sudar.

Creando tu espacio sagrado

Lo primero que debes hacer antes de una lectura de cartomancia es crear un espacio sagrado. Los espacios sagrados son importantes porque, por un lado, te ayudarán con tu concentración. Este oficio requiere concentración; No puedes darte el lujo de distraerte o luchar para recibir mensajes en un lugar lleno de energías conflictivas que pueden distorsionar los significados que obtienes de las cartas. Cuando creas un espacio sagrado, dedicas un área a tu práctica que te permite concentrarte en tu intuición y estar presente en el momento.

Los espacios sagrados también son importantes porque llevarás a cabo rituales y trabajarás con imágenes poderosas. Este hecho implica que tu estado psicológico cambiará de una manera que lo hará más propicio para recibir mensajes de la intuición y los espíritus. Los espacios sagrados te ayudan a arraigar tus intenciones firmemente en tu mente y a crear una atmósfera de divinidad.

Crear un espacio sagrado también implica prepararse energética y emocionalmente para su lectura. Significa que puedes dejar de lado todas las distracciones y preocupaciones, lo que facilita la recepción de mensajes de las cartas. El espacio sagrado también actúa como un límite energético y físico que aleja lo profano de lo profundo. Así es como se crea tu espacio sagrado:

Realizar tus lecturas en un espacio sagrado puede ayudarte a trabajar con imágenes poderosas[11]

Primero, elige un lugar tranquilo y cómodo. Recuerda, quieres *cero distracciones*. El espacio podría estar en tu casa o en un lugar agradable al aire libre.

A continuación, despeja el espacio. Si hay algún tipo de desorden, debes deshacerte de él porque es probable que aumente tus distracciones. Eliminar el desorden fomenta la tranquilidad y la sensación de calma, lo que facilita la conexión con las cartas.

Configura la iluminación. La iluminación es importante cuando estás creando tu espacio sagrado. Las lámparas suaves o las velas pueden crear un ambiente suave y acogedor. Por lo general, es mejor ir con luz natural o algo cálido que te permita relajarte realmente.

Usa incienso. Puedes hacer uso de diferentes aromas para mejorar tu estado de ánimo. Por lo tanto, invierta en velas aromáticas, varillas de incienso o aceites esenciales para su espacio ritual. Elige aromas que te hagan sentir presente y relajado, lo que facilitará la conexión de tu intuición.

Incorpora música. La música también puede afectar tu estado de ánimo y ponerte en un espacio más receptivo y abierto en tu mente. Por lo tanto, considere la posibilidad de poner música ambiental que haga que la atmósfera se sienta aún más sagrada de lo que es. También puedes optar por sonidos de la naturaleza o trabajar con pistas de meditación que te permitirán relajarte.

Ahora es el momento de crear tu altar. Este es un paso opcional. Sin embargo, puedes crear un altar si crees que debes hacerlo. Puedes poner imágenes significativas, símbolos, cristales y las cartas con las que trabajarás en este altar. El altar pretende actuar como un punto de anclaje donde se canalizará toda tu atención durante tus lecturas.

Practicar la meditación

Si quieres practicar la cartomancia, hacer de la meditación un hábito diario es beneficioso. La meditación te ayudará a calmar tu mente, lo cual es esencial para ponerte en contacto con tu intuición. No hay forma de que puedas experimentar la sensación de calma necesaria para una lectura precisa si tu mente está constantemente molesta por pensamientos estresantes, ya sea charla o alguna distracción, lo que dificulta la conexión con tu sabiduría interior. Al meditar, te pones en el estado mental correcto y recibes mensajes de las cartas y el espíritu.

Otra cosa importante es que la meditación te ayuda con tu concentración. Al meditar regularmente, puedes mantener tu enfoque en básicamente cualquier tarea durante el tiempo que necesites. Esta habilidad es esencial cuando se trata de cartomancia. Porque cuanto más concentrado estés en la tarea, más fácil te resultará deducir los diversos significados, simbolismos y matices sutiles de las cartas a medida que lees.

La meditación también es una forma poderosa de desarrollar tu intuición. Cuando habitualmente te vuelves hacia adentro, encontrarás una voz segura que te permite saber lo que necesitas saber en cada punto. Todo el mundo tiene intuición, pero no todo el mundo la desarrolla. Considera meditar todos los días para tener el nivel de conexión necesario con tu intuición para servir a tus lecturas.

La meditación no solo te ayuda a pensar con claridad, sino que también te ayudará a sentir las energías. Como ya sabes, todas las cartas tienen energía, y serás mejor para detectarla cuando tengas las herramientas necesarias. La meditación te dará una mayor conciencia, lo que facilitará la captación de energías sutiles. Obtendrás lecturas tan matizadas que cualquier otra persona que trabaje solo con los significados de la carta no podría soñar. Puedes utilizar dos métodos básicos de meditación para mejorar tu cartomancia.

Mindfulness: Con este método de meditación, solo tienes que observar los pensamientos, sentimientos y sensaciones que experimentas sin ofrecer ningún juicio. Esta es una excelente manera de asegurarse de estar siempre presente durante sus lecturas. Para practicar la atención plena, siéntate en una posición cómoda y asegúrate de llevar ropa cómoda. Lo ideal es que estés en un espacio libre de distracciones. Si vives con otras personas, diles que no te molesten durante los próximos 10 a 15 minutos. Siéntate, cierra los ojos, separa ligeramente los labios, inhala por la nariz y luego exhala por los labios. Mientras respiras, presta atención a la respiración. Observa cómo te sientes cuando inhalas y exhalas. Puede notar que la exhalación es más larga que la inhalación. Esto está bien. También descubrirás que tu mente se aleja de la respiración. Esto no es algo por lo que molestarse. De hecho, deberías estar emocionado al notar que tu mente ha divagado. Cuando esto suceda, reconozca suave y amorosamente que se ha distraído y devuelva su atención a su respiración. Hazlo tan a menudo como necesites. Cuanto más lo hagas, mejor serás consciente. Haz de esto una práctica diaria y verás resultados fenomenales.

Visualización: Este método de meditación implica usar tu imaginación para crear imágenes en tu mente. Con esta metodología, te resultará más fácil conectar con las imágenes de las cartas y sus colores y lo que simbolizan a un nivel mucho más profundo. Para practicar la visualización, una vez más, busca un lugar tranquilo y libre de distracciones. Cierra los ojos, separa los labios, inhala por la nariz y exhala por la boca. Continúa haciendo esto hasta que sientas que tu cuerpo se relaja y tu mente se calma.

A continuación, imagínate en algún lugar pacífico y tranquilo; Puede ser una playa, un jardín o la cima de una montaña, lo que sea que funcione para ti está bien. Ahora, imagina que estás mirando una carta. Mira la carta en detalle, tomando nota de todos sus símbolos, colores y los pequeños detalles que hacen que esa carta sea única de las demás. Sumérgete tanto en tu visualización que comiences a sentir las energías de las cartas mientras las observas. Al hacer esto todos los días, te vuelves aún mejor en la conexión con las cartas y a nivel visual y obtienes información más precisa de ellas.

Debes recordar que no puedes meditar una vez y esperar que los efectos duren para siempre. Eso sería similar a tomar una ducha una vez y asumir que olerás a rosas por el resto de tu vida; La meditación no es una moda pasajera, sino una forma de vida. Y es fundamental si vas a practicar la cartomancia con éxito.

Establecer intenciones

Establecer intenciones es importante cuando te preparas para la lectura porque así es como aclaras tu propósito. Así es como enfocas tu energía para asegurarte de que la lectura se mantenga en el buen camino. Para establecer una intención correctamente, primero debes averiguar por qué estás realizando una lectura para empezar.

Tómate un momento para pensarlo. ¿Hay alguna circunstancia en la que quieras tener más claridad? ¿Está buscando validación? ¿Solo quieres más información sobre una determinada persona o aspecto de tu vida? Al captar la motivación para buscar una lectura, desarrollarás una fuerte intención y guiarás las cartas para que te den respuestas más precisas.

Cuando averigües por qué quieres leer, el siguiente paso es aclarar tus intenciones y objetivos. Tienes que preguntarte qué es lo que quieres de las cartas. Por ejemplo, es posible que desees respuestas muy específicas o prefieras trazos generales. Es posible que busques empoderarte o entender algo mejor.

El siguiente paso es elaborar tu intención. Sé específico al respecto. Algunas personas cometen el error de establecer intenciones generales como: "Me gustaría saber sobre mi vida financiera". Sin embargo, sería más efectivo decir: "Busco orientación en mi situación financiera actual para comprender mis fortalezas y debilidades y encontrar las oportunidades para elevar mis finanzas". Cuando eres muy específico con tu intención, hace que la lectura sea más enfocada.

Una parte crucial del establecimiento de intenciones es asegurarse de permanecer receptivo. Tienes que estar abierto a cualquier mensaje que recibas. A veces, los lectores recibirán mensajes con los que no están de acuerdo, pero eso no significa que los mensajes no sean ciertos. Lo último que quieres hacer es dudar de las cartas. Cuando haces esto habitualmente, esencialmente estás cerrando tu intuición y creando un estado en el que tus lecturas siempre están plagadas de incertidumbre y, por lo tanto, nunca son precisas. Debes mantenerte abierto y evitar que tus nociones preconcebidas nublen lo que la carta comparte contigo.

Limpieza y carga del mazo

Ahora tienes un espacio sagrado y una intención clara. El siguiente paso es limpiar y cargar tu mazo. No puedes saltarte este paso porque es importante eliminar las energías obsoletas y negativas acumuladas en la carta e imbuir las cartas de energía positiva que será buena para la lectura. Puedes usar los siguientes métodos para limpiar tu mazo.

1. El difuminado es un método poderoso y popular para limpiar lugares, personas y cosas. "Manchar" significa pasar la cosa que se quiere limpiar a través de un poco de humo. El humo suele provenir de hierbas limpiadoras como el palo santo, la salvia blanca o el cedro. Necesitarás un quemador de incienso para no hacerte daño. Cuando enciendas las hierbas, puedes pasar la cubierta a través del humo. Mientras haces esto, imagina que el humo elimina todas las energías negativas adheridas a las cartas.

2. Otro método para limpiar la cubierta es usar sal. La limpieza con sal consiste en poner el mazo en un recipiente con un poco de sal y dejarla reposar durante la noche. Esotéricamente, la sal es una excelente sustancia para deshacerse de las energías negativas o inmóviles. Al día siguiente, quita toda la sal de tus cartas.

3. También puedes darle a tus cartas un baño a la luz de la luna. Esta es una excelente manera no solo de limpiar, sino también de cargar su mazo. Todo lo que tienes que hacer es ponerlo bajo la luz de la luna llena. Asegúrate de que sea seguro donde los elementos no lleguen a sus cartas y las arruinen. Debes dejarlas reposar a la luz de la luna durante la noche para que puedan absorber las energías de la luna.

4. Por último, puedes probar la visualización. Todo lo que tienes que hacer es sostener las cartas en ambas manos y luego, en tu mente, imaginar una luz dorada brillante emanando de tus manos, rodeando las cartas, quemando todas las energías negativas y obsoletas, y cargando las cartas.

Ahora que sus cartas han sido limpiadas, aquí hay algunas técnicas de carga.

1. Puedes cargar tus cartas con luz solar. Es lo mismo que con la luz de la luna. Todo lo que tienes que hacer es colocar tu

mazo de cartas en algún lugar donde la luz del sol pueda tocarlo durante horas. Sería mejor si trabajaras con el sol de la mañana o de la tarde, ya que lo último que quieres es que el sol haga que las imágenes y los colores de tu carta se desvanezcan. En tu mente, asume que el sol envía energía que carga tus cartas con amor y positividad.

2. También puedes trabajar con cristales. Todos los cristales tienen energía. Puedes usar estas energías para cargar el mazo. Puedes averiguar qué cristal quieres cargar tu mazo con un poco de investigación. Por ejemplo, si quieres especializarte en el amor y el romance, puedes trabajar con el cristal de cuarzo rosa. Si no está seguro de qué cristal elegir para sus lecturas, puede trabajar con cuarzo transparente, que actúa como un amplificador de energía y va bien con todas las intenciones. También puedes usar amatista porque se sabe que esa piedra mejora las habilidades psíquicas e intuitivas necesarias para la cartomancia. Todo lo que tienes que hacer es colocar la piedra en la parte superior de tu mazo durante horas o dejarla toda la noche. Las cartas tomarán la energía positiva de los cristales. También debes tener el hábito de cargar y limpiar tus cristales.

3. Otro método para cargar tu mazo consiste en la respiración intencionada. Todo lo que tienes que hacer es sostener la cubierta frente a tu cara e inspirar. Al exhalar, imagina que esa respiración tiene tu intención, y que la energía positiva fluye de ella hacia las cartas.

4. También puedes trabajar con afirmaciones. Todo lo que tienes que hacer es sostener las cartas en tus manos y hacer afirmaciones positivas como: "Ahora te encargo de amor, sabiduría y verdad".

Elegir un pliego o un diseño

Otra parte importante de la preparación para la lectura es determinar el pliego o el diseño con el que quieres trabajar. Para ello, debes pensar en el propósito de tu lectura.

A continuación, debes tener en cuenta la complejidad y el tamaño de tu tirada. Por ejemplo, si buscas una respuesta simple y generalizada, puedes optar por un sorteo de una carta. Sin embargo, si quieres algo más matizado en detalle, puedes elegir algo con varias cartas. Si no tienes mucho tiempo, es posible que desees una tirada que no tenga demasiadas cartas involucradas. Si tienes tiempo y buscas una visión mucho más profunda, lo mejor sería optar por los diseños más grandes posibles.

Formulación de preguntas

Para hacer preguntas claras, tómate un tiempo para reflexionar sobre lo que estás pasando en este momento. ¿De qué se trata? Primero reúne todos tus sentimientos y pensamientos sobre la circunstancia. A continuación, considera el problema principal con la circunstancia para la que necesita claridad. Cuando tengas claro cuál es el objetivo principal de tu lectura, es hora de elaborar tu pregunta. Asegúrate de que sean específicos. No ayuda hacer preguntas amplias como "¿Qué podría deparar el futuro?" En su lugar, hay que ser muy específico. Por ejemplo, pregúntale: "¿Qué puedo hacer para asegurarme de que mi relación siga mejorando?".

Ten en cuenta que obtendrás orientación específica cuando seas específico con tu pregunta. Así que no tengas miedo de ser muy preciso. Si el tiempo es importante con respecto a la situación, debes incorporar ese elemento en tu pregunta. Por ejemplo, pregúntale si debes asistir a un evento aparentemente importante a una hora determinada. También es importante especificar cuándo es el momento. ¿Será en los próximos dos meses o en 3 años? Incluye eso en tu pregunta.

Opta por preguntas abiertas. Estas preguntas permitirán que las cartas te respondan con mucha información. Hacer preguntas simples de sí o no no es el camino a seguir en cartomancia. Debes hacer preguntas que te hagan reflexionar profundamente.

Una vez que finalmente tengas tu pregunta, es importante reflexionar sobre ella y refinarla. Considera si capta todo lo que buscas entender sobre tu situación y si está de acuerdo con tus intenciones para la lectura. Si descubres que debes hacer ajustes, hazlo. Cuando finalmente lo tengas claro en tu mente, escribe la pregunta para que tu intención para la lectura quede fijada en tu mente.

Desarrollo de interpretaciones personales

Mejorar en la cartomancia significa practicar el trabajo con tu intuición y afinar esa habilidad. Aquí hay algunas cosas que puedes hacer para interpretar las cartas como un profesional. Primero, debes estudiar las cartas y familiarizarte con ellas. Después de todo, no puedes tratar de explicar lo que no te has tomado el tiempo de entender. Por lo tanto, piensa en las imágenes, los colores, los diversos arquetipos conectados a la carta, etc. Este libro ha proporcionado amplia información sobre las cartas con las que podrías empezar.

A continuación, es importante que confíes en tu intuición. Siempre que una voz hable, confía en ella. Podría ser una voz real o simplemente una sensación de conocimiento. Podría ser un pensamiento con una cualidad claramente diferente a tu charla mental habitual. Cuando sientas energía, no la cuestiones ni la dudes. Acepta que esta energía es la verdad. Con el tiempo, descubrirás que tienes mucha más confianza en tu intuición.

Escribir un diario es una buena práctica para tener después de cada lectura. Debes anotar todo lo que entendiste de la lectura, las impresiones que obtuviste de cada carta, etc. Estas notas que estás haciendo siempre deben ser revisadas. Cuando haces esto, fortaleces tu capacidad para entender cada carta e interpretarlas con precisión, dependiendo del contexto.

Otra cosa útil para ayudarte con las interpretaciones personales de estas cartas es utilizar ejercicios de imaginación activa para que puedas conectarte con ellas profundamente. La meditación de visualización que te ofrecieron es una gran herramienta para esto.

Ten en cuenta tu conexión personal y tus significados cuando se trata de las distintas imágenes, colores y símbolos de la carta. Por ejemplo, una carta puede recordarle a una persona o evento. No descartes tus significados personales solo porque no se alinean con las interpretaciones tradicionales de la carta. Puede haber una manera de casar esos significados para que puedas entender exactamente lo que te está comunicando lo divino.

Considera la posibilidad de trabajar con otros cartomantes en su campo. Porque cuando compartes tus experiencias con ellos, y ellos comparten las suyas contigo, puedes aprender una o dos cosas. Siempre es una buena idea estar abierto a nuevas formas de hacer las cosas. Por lo tanto, conectarse con los demás es bueno, y mantenerse abierto y curioso hará maravillas en su práctica. Una nota final es que debes trabajar con las cartas regularmente. No puedes esperar trabajar con ellas de vez en cuando y de alguna manera desarrollar competencia. Haz una práctica diaria y verás resultados fenomenales con el tiempo.

Ahora que sabes lo que debes hacer para realizar una lectura, es hora de ver algunas lecturas de muestra para probar suerte en la realidad. Dirígete al siguiente capítulo para esto.

Capítulo siete: Ejemplos de lecturas

Las lecturas de muestra son esenciales porque te ayudan a practicar y usar tus habilidades de manera adecuada. El objetivo principal de este capítulo es ofrecer ejemplos prácticos de cómo se puede aplicar la cartomancia en la vida real.

Ejemplo de lectura de tirada de tres cartas

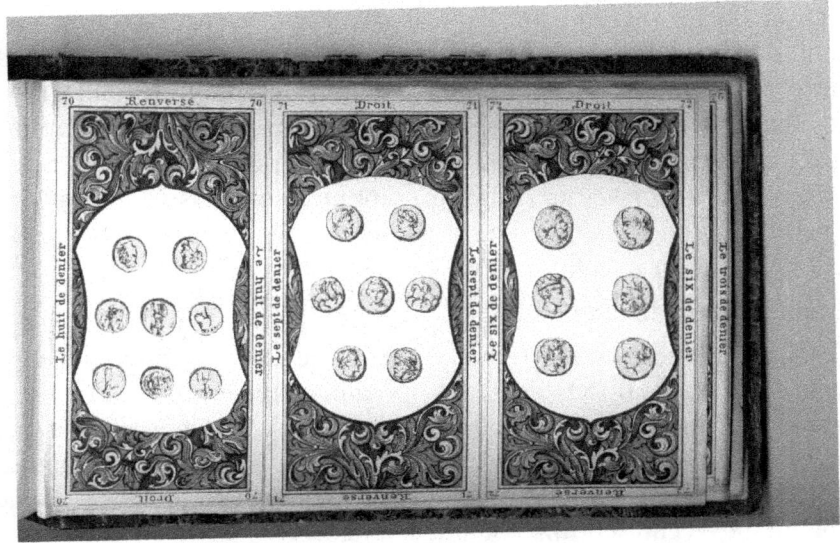

Ejemplo de tirada de tres cartas [12]

Pregunta: Sospecho que mi pareja me está engañando, ya que dice ser fiel, pero publica ciertas cosas en las redes sociales que darían a entender a los demás que no está en una relación. ¿Tengo algo de qué preocuparme con respecto a nuestra relación?

Cartas sorteadas: As de corazones, 5 de picas, reina de diamantes

Carta 1: as de corazones

Esta carta representa un nuevo comienzo. Se trata de finalmente sentirte realizado emocionalmente y encontrar el amor que has buscado durante mucho tiempo. En el contexto de la pregunta, esta carta implica que tu relación está establecida sobre una base firme arraigada en el amor y la verdadera conexión. La conexión entre tú y tu pareja es genuina, y ambos sienten un profundo afecto el uno por el otro. Afirma que el vínculo no se puede romper fácilmente y que si ambos lo permiten, existe la posibilidad de crear algo hermoso que dure toda la vida. Observa todo lo que sucede en tu relación y aprécialo. Te está pidiendo que hagas lo que puedas para fomentar esta relación para que siga mejorando.

Cartas 2: 5 de picas

Esta carta representa conflictos, obstáculos y desafíos. Sugiere que usted y su pareja pueden chocar de vez en cuando, experimentando situaciones difíciles y teniendo desacuerdos. Sin embargo, no debe apresurarse a hacer suposiciones o sacar conclusiones precipitadas. El 5 de picas te dice que las fuerzas externas a tu relación o los malentendidos podrían crear tensión. Es posible que estés malinterpretando esta tensión como una posible infidelidad. Por lo tanto, debes hacer todo lo posible para permanecer abierto. Comunica tus sentimientos a tu pareja para abordar cualquier problema que pueda surgir en esa conversación. Al elegir comunicarse, creas una situación en la que tus desafíos se pueden superar fácilmente, y no solo eso, tu relación puede ser más fuerte y mejor.

Carta 3: reina de diamantes

Esta carta encarna las energías de la lealtad, la estabilidad y la practicidad. Teniendo en cuenta tu pregunta, esta carta te dice que tu pareja es el bastión de la estabilidad y la lealtad. La reina de diamantes se mantiene fiel pase lo que pase y siempre tiene el panorama general en mente. Esta persona entiende la importancia de tus conexiones y tiene la intención de seguir comprometida contigo. Esta carta implica que tu pareja no quiere nada más que asegurarse de que ambos tengan una base sólida y duradera. Por lo tanto, esta carta te pide que confíes en que tu pareja es verdaderamente fiel a ti y lo aprecies.

Ejemplo de lectura de la cruz celta

Pregunta: Mi hermana y su esposo me echaron de su casa cuando estaba en una posición vulnerable con mi salud mental, y nunca se comunicaron conmigo ni una sola vez en 8 años. Finalmente, tienen y dicen que quieren hacer las paces y ayudarme económicamente. Aun así, sospecho que solo planean usarme en un plan contra un hermanastro cercano (la persona a la que han llevado a los tribunales por reclamos frívolos). ¿Cómo debo abordar su oferta de ayuda?

Carta 1 — El presente: 3 de corazones

Esta carta sugiere sanación y la oportunidad de reconciliarse con su familia. Implica que la situación puede ofrecer una oportunidad para reparar las heridas del pasado y reparar los puentes rotos. Te dice que aquí tienes una oportunidad de perdonar y ser perdonado y entenderte el uno al otro.

Carta 2 — Desafío actual: 10 de diamantes

En este contexto, el diez de diamantes implica que a lo que te enfrentas en este momento es si la oferta de tu hermana y su esposo para ayudarte es sincera o no. Esta carta te pide que tengas cuidado al considerar sus intenciones para ti.

Carta 3 — Pasado lejano: rey de tréboles

La energía del rey de tréboles es la de alguien que tiene autoridad y una fuerte voluntad. En el pasado, había dinámicas de poder que no te favorecían en la relación con tu familia. El conflicto constante dio lugar a malentendidos. Tal vez te etiquetaron como la oveja negra. Esta carta te pide que consideres la dinámica entre tú y esta persona (tu hermana y su esposo en esta situación). Piensa en cómo sus acciones han afectado tu situación actual y qué tan probable es que hayan cambiado.

Carta 4 — Pasado reciente: 8 de picas

El 8 de picas es una carta que representa los desafíos en tu camino. No hace mucho tiempo, tenías que lidiar con limitaciones y dificultades que te estresaban mentalmente. Estas situaciones pueden haberse agravado aún más por el hecho de que lo echaron de su casa. Por lo tanto, esta carta indica que estabas luchando terriblemente en ese momento y probablemente todavía lo estás.

Carta 5 — Mejor resultado: reina de corazones

Esta carta representa la energía de la crianza y la compasión. Se trata de ser apoyado emocionalmente. Si aceptas la propuesta de tu hermana y su esposo, hazlo con cautela mientras mantienes tu corazón abierto, ya que existe la posibilidad de que puedan reconciliarse verdaderamente el uno con el otro.

Carta 6 — Influencia futura: 7 de diamantes

El 7 de diamantes te dice que existe la posibilidad de que crezcas financieramente. Por lo tanto, cuando se trata de la asistencia que se ofrece, existe la posibilidad de que su situación financiera sea mejor. Sin embargo, sería sabio que fueras perspicaz. En otras palabras, si aceptas su ayuda, es importante que no te pongas en una posición en la que sigas estando en deuda con ellos. De hecho, puede ser mejor decirles que aceptas su oferta y que estás agradecido por ella, pero eso no significa automáticamente que obtengan acceso a ti o el derecho a controlarte como lo hicieron en el pasado.

Carta 7 — Emociones internas: as de picas

Esta carta representa nuevos comienzos y nuevos cambios. En cuanto a tus emociones internas, la carta aclara que eres muy escéptico sobre sus intenciones. Realmente quieres creer que solo tienen las mejores intenciones para ti, pero no puedes evitar sentirte inseguro. Quieres un nuevo comienzo con ellos, pero claramente te preocupa que esto pueda ser más de la misma vieja dinámica que ya has experimentado con ellos. Necesitas confiar en tus instintos y escuchar a tu intuición para discernir si debes retirarte de las interacciones en lo que a ellas respecta, o cuándo.

Carta 8 — Influencias externas: 2 de picas

Esta carta representa desafíos y obstáculos. Entonces, en este caso, el desafío es el caso judicial que involucra a su hermanastro. Existe una gran posibilidad de que su hermana y su esposo se comuniquen con usted solo porque sienten que usted sería una parte fundamental para que ganen el caso que tienen con su hermanastro. Depende de ti decidir si quieres aceptar su ayuda y dejar claro si llega el momento en que no estás dispuesto a ser chantajeado para que hagas algo incorrecto.

Carta 9 — Esperanzas y temores: jota de diamantes

Esta carta trata sobre ser práctico e ingenioso en tus caminos. Demuestra que tienes la esperanza de que esto podría ser lo que finalmente te plante sólidamente en tus pies financieramente. Sin embargo, tienes miedo de que solo se aprovechen de ti o te enreden en algo que traicione a tu hermanastro.

Carta 10 — Resultado final: 4 de tréboles

Esta carta te dice que tus elecciones deben estar estructuradas y ordenadas. En otras palabras, debes ser práctico con esta situación. Existe la posibilidad de que finalmente pueda mejorar financieramente, ya que parece que has estado luchando con eso. El hecho de que sospeches de sus intenciones no significa que debas dejarlos de lado por completo, ya que pueden estar dispuestos a ofrecerte la ayuda que necesitas. Sin embargo, debes permanecer en contacto con tus instintos para que, si se hace obvio que están tratando de volver a tu vida para controlarte, puedas cortar los lazos rápidamente. Mientras tanto, haz preguntas y sé honesto con ellos y contigo mismo.

Ejemplo de lectura de tirada de tres cartas

Pregunta: Últimamente he sentido la necesidad de tomarme más en serio mi vida espiritual. Aun así, no sé por dónde empezar: ¿cómo puedo desarrollar un vínculo con mi yo superior?

Carta 1 — El pasado: reina de corazones

Dado que esta carta representa la compasión, es posible que hayas tenido ciertas experiencias que despertaron tu curiosidad espiritual y te hicieron consciente de que hay mucho más en la vida de lo que parece. Estas experiencias sirvieron como semilla para tu deseo actual de conectarte con tu naturaleza espiritual. En tu pasado, experimentaste cosas que te hicieron volverte profundamente sensible a las energías sutiles del reino espiritual. En otras palabras, ya tienes una buena base para comenzar tu exploración espiritual.

Carta 2 — El regalo: 8 de diamantes

Esta carta representa tu disciplina y practicidad en la manifestación de la abundancia que te espera. La carta implica que para conectarte con tu ser superior, lo mejor sería encontrar métodos disciplinados y prácticos que te ayuden a lo largo de tu camino. En otras palabras, cualquier camino espiritual que elijas debe estar estructurado y fundamentado. Esto se debe a que estos son los caminos que tienen más probabilidades de ser efectivos para demostrarte cuán espiritual eres. Por lo tanto, debes estudiar enseñanzas espirituales con impactos y resultados verificables y observables.

Carta 3 — El futuro: as de picas

El as de picas es la carta de las nuevas percepciones y cambios espirituales. Esta carta te dice que experimentarás una profunda conexión con tu ser superior en el futuro. Esto significa que despertarás y te transformarás espiritualmente. La sabiduría y la perspicacia que recibirás a medida que recorras tu camino espiritual te cambiarán la vida. El as de picas también implica que experimentarás muchas oportunidades para desarrollarte y crecer como ser espiritual y conectarte con tu ser superior incluso más fuertemente de lo que puedas imaginar.

Pregunta: Últimamente, he notado que mi cuerpo no está actuando como solía hacerlo. Estoy preocupado, pero no quiero molestarme innecesariamente. ¿Qué debo tener en cuenta para asegurarme de que me mantengo físicamente íntegro y joven?

(Ten en cuenta que siempre debes buscar atención médica de un profesional con licencia si siente que algo anda mal con su cuerpo. La cartomancia es solo una herramienta para darte más información, no para diagnosticarte).

Carta 1 — El regalo: joker

El joker es una carta de imprevisibilidad. Implica ser flexible y tener sentido del humor. Ahora, en el contexto de la pregunta formulada, el joker representa la situación actual por la que está pasando tu cuerpo. Hay cambios en su función habitual que te tienen preocupado. El Joker te pide que consideres estos cambios con una mentalidad flexible y abierta. Se te pide que aceptes el cambio y encuentres un equilibrio entre cuidarse a ti mismo y permitirte disfrutar de la vida. El joker te dice que no todo debe tomarse en serio y que lo mejor sería mantener el sentido del humor sobre tu salud, ya que esto hará maravillas a largo plazo.

Carta 2 — El desafío: reina de corazones

La reina de corazones representa tu bienestar emocional. Esta carta trata sobre tu intuición y tu capacidad para nutrirte a ti mismo. En relación con tu pregunta, la carta te dice que el desafío es tratar de comprender tus emociones, lo que puede tener un impacto poderoso en tu salud física. Lo que crees que es un problema físico en realidad está arraigado en tus emociones. La carta te dice que debes prestar atención a tus sentimientos y hacer lo que puedas para traerte más alegría, risas y satisfacción. Es una buena idea asegurarse de tener relaciones de apoyo llenas de amor y positividad. Cuando cuidas tu bienestar emocional, se refleja positivamente en tu cuerpo.

Carta 3 — Guía y resultado: 7 de diamantes

Esta carta representa las ideas de ser ingenioso y práctico. También se trata de cuestiones financieras. En relación con tu pregunta, la carta implica que sería mejor notar lo que necesita físicamente. Por ejemplo, su cuerpo puede pedirle más descanso, ejercicio o una mejor nutrición. Por lo tanto, debes ser práctico para resolver tus desafíos físicos actuales. Esta carta te dice que también debes considerar invertir dinero en mantener tu salud y tomar decisiones que finalmente te beneficiarán.

En resumen, esta lectura te pide que estés en paz con los cambios que experimenta tu cuerpo, que inviertas en cuidarte y que te tomes el tiempo para asegurarte de sentirte bien emocionalmente. Invierte dinero en ti y en tu salud porque te lo mereces. Trata de encontrar el equilibrio en cada parte de tu vida, y descubrirás que tus preocupaciones no son tan graves.

Ahora que has visto algunas lecturas, es hora de que lleves tu oficio al siguiente nivel trabajando con tu intuición. Descubrirás cómo en el próximo capítulo. Pero primero, hablemos de la intuición. ¿Qué es?

Capítulo ocho: Lecturas intuitivas

¿Qué es la intuición?

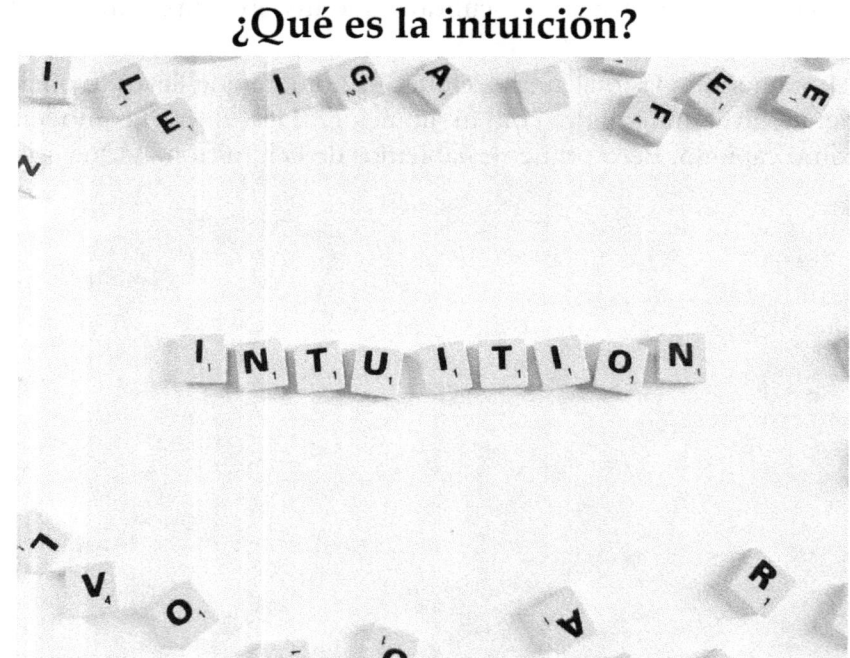

La intuición es una fuerza más allá de la lógica y la razón[18]

La intuición ha sido mencionada varias veces en este libro. Pero la pregunta es, ¿qué es, realmente? La intuición es algo que existe en todos. Puedes pensar en ella como una antigua fuerza mística responsable de la evolución de la conciencia tal como es hoy. La intuición es algo que está más allá de los límites de la lógica y la razón. Viene de tu alma, esa voz que te dice cosas que son acertadas. La intuición es cuando obtienes un conocimiento repentino sobre algo de una manera que no puedes describir. Simplemente sabes que es verdad, y cuando revisas tu corazonada, descubres que tenías razón al respecto. Tu intuición es ese aspecto de ti que descubre todos los secretos del universo y te permite saber lo que está sucediendo debajo de la superficie de cada situación.

Es importante darse cuenta de que la intuición no es solo un pensamiento fugaz. No es algo que se deduzca por el pensamiento lógico. Es mucho más que eso. La mayoría de las personas con inclinaciones lógicas tienden a asumir que la intuición es lo mismo que una deducción, pero no lo es. La intuición involucra emociones y un profundo conocimiento interno que proviene de más allá de tu mente. Ondula a través de la esencia de tu alma y de tu ser. La intuición puede comunicarse contigo a través de varios medios, como la sincronicidad, los signos y los símbolos que te rodean.

Curiosamente, la intuición también sobrepasa los límites del tiempo y el espacio. No importa si estás lidiando con tu pasado, presente o futuro. La intuición puede estar disponible, revelando todo lo que necesitas saber sobre cualquier momento de tu vida o cualquier experiencia que hayas tenido.

Al realizar la cartomancia, debes estar en contacto con esta sabiduría interior que tienes. Desafortunadamente, muchas personas han embotado este sentido porque continúan complaciéndose en hábitos que no sirven a su intuición. Por ejemplo, si pasas mucho tiempo en las redes sociales o te entregas a ciertas sustancias que afectan o alteran tu conciencia, es posible que encuentres tu intuitivo aletargada. Sin embargo, no hay nada de qué preocuparse porque siempre puedes mejorarla. Y aprenderás cómo hacerlo para tener las lecturas más intuitivas y agradables durante tus sesiones de cartomancia.

Cómo funciona la intuición

Sintonizarse con las energías sutiles de los sentidos: Para realizar lecturas intuitivas, es importante que primero comprendas la mecánica de la intuición. Lo primero implica sentir lo que no se ve o es indetectable para los cinco sentidos. Cuando puedes conectarte con lo invisible, te has abierto a los secretos en el reino espiritual. Si aún no lo sabes, debes saber que todo lo físico está arraigado en el mundo espiritual. En otras palabras, la energía espiritual impregna todo y a todos los que existen. En consecuencia, al desarrollar tu intuición, estableces una situación en la que estás más abierto a captar las energías sutiles del espíritu, lo que implica que puedes acceder a cualquier información que desees independientemente del espacio o el tiempo. Esto se debe a que el aspecto espiritual de la vida trasciende esos dos límites de espacio y tiempo.

Prestar atención a tu sabiduría interior: El siguiente paso para conectarte con tu intuición implica escuchar tu sabiduría interior. Una vez que puedas sintonizarte con las energías sutiles mediante el uso de prácticas como la meditación, debes enseñarte a ti mismo a escuchar la voz interior que habla dentro de ti. Todo el mundo tiene esta voz, pero cuanto más practiques prestarle atención, y cuanto mejor captes las energías sutiles, más fuerte será tu voz. Será difícil confundirlo con cualquier otra cosa.

Algunas personas asumen que estas voces son el resultado de condiciones mentales como la esquizofrenia, o sienten que estas voces son más o menos lo mismo que un pensamiento que tienes en tu cabeza, pero ese no es el caso en absoluto. Algo acerca de la intuición hablando generalmente te congela en seco y te obliga a hacer un balance del momento presente a medida que todo el tiempo y el espacio pierden significado. Sabes en lo más profundo de ti mismo que la información que recibes es precisa. Escuchar la sabiduría dentro de ti significa que debes desconectar el ruido del mundo exterior y centrar toda tu atención en el interior.

Confiar en cosas extrañas: Lo siguiente que debes hacer después de sintonizarte con las energías sutiles y aprender a escuchar tu voz interior es confiar en lo que no te resulta familiar. Esto es importante porque los mensajes intuitivos a menudo aparecerán de maneras que no son la norma para ti. Después de todo, ¿de qué otra manera se supone que van a llamar tu atención? La intuición puede ser un conocimiento, una corazonada de que tienes razón sobre algo, o incluso un destello de perspicacia. Para mejorar en el trabajo con tu intuición y hacer que sea más precisa, debes aprender a confiar en ella en cualquier forma que se te presente. No caigas en la trampa de cuestionar si lo que comparte contigo es cierto o no. La intuición es una de esas cosas en las que *cuando sabes, sabes.*

Prestar atención a los símbolos y la sincronicidad: Reconocer la sincronicidad y el simbolismo es una gran parte de la comprensión de la intuición y el trabajo con ella. Los símbolos son el lenguaje del subconsciente. La sincronicidad es la forma en que tu alma intenta comunicarse contigo a través de tu intuición. La sincronicidad es la improbabilidad de que ciertos eventos ocurran simultáneamente o en línea entre sí de una manera que no se puede explicar lógicamente. Implica ver un cierto patrón numérico que se repite o que un conjunto de eventos se desarrolla de manera tan hermosa que no podrías haberlo imaginado. Tienes que aprender a reconocer la sincronicidad y otros símbolos que pueden aparecer en tu vida diaria. Cuanta más atención prestes a estas cosas y escuches a tu intuición, más podrás aprender sobre la vida.

Trabajar en estar en el presente: Desarrollar la atención plena es lo siguiente que debes considerar. En otras palabras, debes enseñarte a ti mismo a estar en el aquí y ahora. A menudo, la mayoría de las personas están atrapadas rumiando sobre su pasado o preocupándose por su futuro, pero nunca prestan atención a lo que está sucediendo aquí y ahora. Para que conectes con tu intuición, debes estar presente. Esto se debe a que la intuición prospera en el aquí y ahora. Por lo tanto, si esperas obtener orientación de esta sabiduría interior que llevas a diario, debes dominar el arte de mantenerte siempre conectado a tierra en el presente. Y la forma de hacerlo es practicando la atención plena. La meditación es una forma de lograr la atención plena.

Aceptar la sabiduría de tu corazón: Es curioso que muchos asuman que la sabiduría solo viene del cerebro. Sin embargo, no siempre es así. Tu corazón tiene sabiduría propia. Esa sabiduría es intuición. Debes aprender el lenguaje de las emociones porque así es como tu intuición a menudo te hablará. Eso no quiere decir que la intuición se trate solo de cómo te sientes. Sin embargo, necesitas saber lo que tu corazón te dice en cada momento porque así es como mejoras tu intuición. No es algo lógico. Es sobre todo emocional. Por lo tanto, al familiarizarte con tu paisaje emocional, te encontrarás accediendo a increíbles pozos de conocimiento que nunca podrías haber sondeado.

Dicho todo esto, la pregunta es, ¿cómo se realiza una lectura intuitiva? ¿Cómo puedes desarrollar y aprovechar tu intuición en la práctica de la cartomancia?

Bueno, ¡estás a punto de descubrir cómo!

Ya conoces dos excelentes métodos para ponerte en contacto con tu intuición y desarrollarla. Como se discutió en el capítulo anterior, puedes usar ejercicios de meditación y visualización. Sin embargo, las siguientes son formas en las que puedes desarrollar tu intuición para tener lecturas más intuitivas.

Observación consciente

La observación consciente es exactamente como suena. Se trata de prestar atención a todo lo que sucede dentro y alrededor de ti. Se trata de notar tu entorno, pensamientos, sentimientos, emociones y sensaciones. Cuanto más prestes atención a estas cosas, más presente te sentirás, lo cual es una ventaja para tus lecturas intuitivas. A continuación, te explicamos cómo practicar la observación consciente:

1. Primero, debes encontrar un lugar tranquilo donde no se distraiga ni lo moleste durante al menos 10 a 15 minutos. Asegúrate de que esta ubicación te permita relajarte fácilmente.

2. Siéntate en una posición que te resulte cómoda. Si lo deseas, puedes sentarse con las piernas cruzadas o en una silla. Pon las manos en los muslos o simplemente apóyalas en el regazo.

3. Tómate un tiempo para conectarte a tierra. Esto significa que cerrarás los ojos y respirarás profundamente por la nariz y exhalarás por la boca. Permite que tu cuerpo se ponga menos tenso con cada exhalación. Observa el peso de tu cuerpo y permítele soltar toda la tensión que sientes.

4. Presta atención a tu respiración. Esto es básicamente lo mismo que la meditación. Siéntate con tu respiración y obsérvala mientras entra y sale.

5. Ahora, es el momento de ir más allá de esto expandiendo tu conciencia. Esto implica que comenzarás a permitir que otra información además de tu respiración se filtre en tu mente. Empieza a notar tus pensamientos, cómo te sientes y las emociones que estás sintiendo. Fíjate en ellos a medida que surjan, pero haz todo lo posible por no juzgar a ninguno de ellos. No te apegues, ya que solo estás observando.

6. Es hora de llevar tus sentidos al juego. Fíjate en los olores, las vistas y las sensaciones que captas con tus cinco sentidos. Debes comprometerte con cada impresión sensorial tan plenamente como puedas.

7. Haz todo lo posible por no juzgar. Continúa observando todas estas cosas y deja de lado la necesidad de colocar una etiqueta en cualquiera de ellas. Basta con observar con curiosidad y aceptación.
8. Cuando tu mente inevitablemente se desvíe del ejercicio, como lo hará, simplemente tráelo suavemente de vuelta al presente. Vuelve a concentrarte en tu respiración y en tus observaciones. Se trata de ser consciente, así que tenlo en cuenta.
9. Por último, debes practicar esto tan a menudo como puedas. Así es como se mejora en la observación consciente.

Ahora, probablemente te estés preguntando la diferencia entre este ejercicio y el ejercicio de meditación que apareció antes. Recuerda que mientras que el ejercicio de meditación te hace concentrarte solo en tu respiración, este ejercicio de observación consciente trata de que te des cuenta de otras cosas además de tu respiración que te ayudarán a estar arraigado en el momento presente.

Ejercicios intuitivos

Los ejercicios intuitivos son herramientas maravillosas para ayudarte a mejorar el uso de tu intuición durante la cartomancia. A continuación, te explicamos cómo puedes involucrarte con ellos.

1. Escoge un ejercicio. Por ejemplo, puedes elegir un ejercicio como tratar de adivinar lo que hay en un sobre sellado o elegir intuitivamente cartas de un mazo, adivinar lo que hay en la carta, antes de darle la vuelta para ver si estabas en lo correcto.
2. Ahora que sabes el ejercicio que quieres, establece tu intención. Tu intención consiste en mejorar en el trabajo con tu intuición y obtener información precisa. Puedes expresar la sensación en voz alta o en tu mente.
3. Asegúrate de estar en un lugar donde el clima no sea una molestia o distracción. Si te ayuda, puedes crear el ambiente con una iluminación, música e incluso incienso.
4. Es hora de relajarse y calmarse con unas cuantas respiraciones. Cuando sientas que tu mente está despejada y tu cuerpo está relajado, puedes pasar al siguiente paso.

5. Empieza a adivinar lo que hay en los sobres sellados. Deja que tu intuición sea tu guía y no intentes apresurar el proceso. Es importante tener en cuenta que no hay fuerza en el proceso con respecto a tu intuición. Así que mantente lo más relajado y cómodo que puedas. Si notas que estás eligiendo las cosas equivocadas o haciendo las conjeturas equivocadas, es importante que no seas duro contigo mismo porque eso solo puede hacer que tengas resultados aún peores.

6. Cuando hayas terminado tu ejercicio, reflexiona sobre tus resultados. Compara qué tan precisas fueron tus conjeturas esta vez en comparación con la última vez. Y también, es importante asegurarse de practicar regularmente.

Otras herramientas para agudizar la intuición

Además de las herramientas ofrecidas hasta ahora, hay otras cosas que puedes hacer para agudizar tus sentidos intuitivos. Aquí hay un vistazo rápido a ellos:

1. **Lleva un diario**. Cuando llevas un diario, comienzas a hacer un balance de tu vida. Significa que te vuelves más consciente de cómo está cambiando tu mundo. Tomar conciencia naturalmente significa que te volverás más sensible a tu voz intuitiva. Considera la posibilidad de escribir tus sueños y todas las corazonadas intuitivas que tengas. Además, cuando notes que está sucediendo algo sincrónico, escríbelo. Por ejemplo, si notas que sigues viendo un cierto número todo el tiempo, podría valer la pena notar lo que sucede a tu alrededor y los pensamientos y sentimientos que tenías cuando apareció el número. Puede notar que hay un patrón allí. Revisa siempre tu diario. No se trata solo de escribir cosas, sino de leerlas más tarde para ayudarte a comenzar a detectar la intuición en el trabajo en tu vida.

2. **Prueba el trabajo energético**. Naturalmente, te vuelves más sensible a las energías sutiles cuando haces trabajo energético como reiki o qigong. Como ya sabes, la intuición puede hablarte a través de energías sutiles además de tus emociones. Por lo tanto, cualquier forma de energía funciona, y te ayuda a comenzar a captar las vibraciones. Esto

va incluso más allá de la cartomancia, ya que te adaptas a leer a las personas porque has estado practicando cómo trabajar con la energía.

3. **Exprésate creativamente.** Hay algo en el proceso creativo que hace maravillas a la hora de abrir tus habilidades intuitivas y hacerlas más pronunciadas. Debes hacerlo, ya sea escribiendo, pintando o haciendo música. Lo maravilloso de las actividades creativas es que son una excelente manera de evitar tu mente lógica y racional y acceder al lado intuitivo de ti mismo.

4. **Es una buena idea pasar todo el tiempo que puedas cerca de la naturaleza.** Cuanto más tiempo pases en la naturaleza, conectándote con un mundo natural que está naturalmente alineado con las energías espirituales y las energías sutiles, mejor entenderás cuando sea tu intuición la que hable.

5. **Por último, encontrarás mucho valor en la soledad.** Esto no significa que nunca debas tener amigos, salir o comunicarte con tu familia. Solo significa que debes practicar la búsqueda de tiempo para retirarte y estar solo cada día. Esto se debe a que necesitas distinguir entre tu voz intuitiva y tus pensamientos, así como tu voz intuitiva frente a la de otras personas a tu alrededor. Necesitas estar separado un poco todos los días porque así es como te familiarizas con la voz del espíritu, y esto te ayudará mucho y te ayudará con la precisión de tus lecturas.

Cultivar una mente abierta

Trabajar con tu intuición implica tener una mente abierta y receptiva. Si tu mente está cerrada y constantemente cuestionando las cosas, entonces lo más probable es que no tengas mucho éxito con tus lecturas. Por lo tanto, hay algunas cosas que debes considerar incorporar a tus prácticas diarias:

- Practica despejar tu mente antes de empezar a leer.
- Deja de lado el deseo de que una lectura vaya de una manera específica. Cada lectura es única y no siempre tiene que desarrollarse como crees que debería.

- Haz tu mejor esfuerzo para no juzgar. Tu único trabajo es canalizar el mensaje de las cartas y nada más. Jugar a ser juez, jurado y verdugo durante la lectura no es tu trabajo.
- Debes desarrollar confianza en tu sabiduría interior. Esta es la única forma en que puedes seguir fomentando tu intuición para que te proporcione toda la información que necesitas y la recoja con precisión.
- Siempre debes ser compasivo contigo mismo. Solo estás aprendiendo, lo que significa que cometerás algunos errores. No es una buena idea castigarse solo porque te equivocas en algunas cosas mientras aprendes a convertirte en un maestro de cartomancia. Así que, date un poco de tiempo y amor.
- Cuídate física, mental y emocionalmente, y descubrirás que tu intuición mejora.

Sigue todos los consejos que se ofrecen en este capítulo. Descubrirás que cada día eres mejor trabajando con tu intuición en cada situación, no solo durante tus lecturas de cartomancia. Ahora que entiendes cómo desarrollar el músculo de tu intuición, la pregunta es: *¿hay algo más en la cartomancia?* En el próximo capítulo, aprenderás algo de cartomancia avanzada.

Capítulo nueve: Cartomancia avanzada

Las técnicas que aprenderás en este capítulo no son para los novatos. Puedes probarlas si eres nuevo en la cartomancia. Aun así, sería mucho mejor que comprendieras los conceptos básicos antes de intentar cualquiera de estos métodos.

La tirada rueda de la fortuna

En el tarot, hay una carta conocida como la rueda de la fortuna. Esta carta representa la energía de los ciclos, el azar, los cambios y la fortuna. Sus aspectos más oscuros incluyen la repetición, el destino y las recurrencias. Hay una tirada que se basa en esta carta en particular. Esta tirada se fundamenta en la idea de las estaciones, que recuerda a la idea de los ciclos representados por la rueda de la fortuna. Lo que pasa con

La carta del tarot de la rueda de la fortuna representa el cambio[14]

los ciclos es que no puedes escapar de ellos. Y de la misma manera, no se pueden hacer retroceder las manecillas del tiempo.

A medida que prestas atención a las estaciones de la vida, te das cuenta de que hay un momento para actuar y otro para quedarte atrás y observar. Es importante detectar las armonías que son naturalmente inherentes a la vida para que podamos fluir con ellas. La mayoría de las personas viven sus vidas tratando de forzar que las cosas sucedan cuando deberían estar descansando o hibernando. Los seres humanos no están divorciados de la naturaleza. Por lo tanto, debes seguir su ritmo. De lo contrario, te encontrarás viviendo una vida de miseria. Esta es la sabiduría encarnada en la carta de la rueda de la fortuna y el concepto de la rueda en sí.

Un buen momento para usar esta tirada es cuando quieras ver los eventos de tu vida desde una perspectiva amplia o ver cómo ha sido tu año hasta ahora y cómo ha cambiado tu vida desde el comienzo de un nuevo año.

La tirada de la rueda de la fortuna tiene seis cartas. La primera carta que se reparte es la carta del yo en el medio y a la izquierda. Representa cuál es tu estado actual. La segunda carta es la carta de entorno, que va a la derecha de la carta de yo. Esto habla sobre el mundo en el que te encuentras y cómo influye en ti y en tus acciones. La tercera carta es la carta de invierno, la carta individual en la parte superior de la fila central de cuatro. Esta carta te permite saber que es hora de descansar o hibernar para que puedas recuperar tus fuerzas. Habla de que necesitas tomarte un descanso en este momento o que necesitas renovarte.

La cuarta carta es la carta de primavera, que se encuentra en el extremo izquierdo de la cuarta fila. Esta carta te habla de tu crecimiento. Te mostrará lo que está empezando a ser en tu vida o lo que está cobrando impulso.

La quinta, o carta de verano, está en la parte inferior de toda la tirada y representa la abundancia. Este es un momento de tu vida en el que todo florece plenamente. Por lo tanto, te llama a apreciar o estar agradecido por lo bueno en tu vida en este momento.

La sexta es la carta de caída, en el extremo derecho de la fila de cuatro cartas. Representa la pérdida o el fallecimiento. Se trata de lo que debes dejar ir o de lo que está saliendo de tu vida ahora.

Trabajar con la tirada de la rueda de la fortuna es fácil ahora que entiendes cómo se distribuyen estas cartas y sus significados. Recuerda que todo lo que tienes que hacer es aplicar los conceptos de los capítulos anteriores sobre la interpretación de las cartas entre sí.

La tirada del tarot del zodiaco

La tirada del zodíaco también se llama la tirada de la astrología de las 12 casas. Se usa comúnmente con una baraja de tarot. Puedes leerla de una o dos maneras, ya sea de forma informativa o predictiva. En otras palabras, puedes interpretarla deduciendo el significado de la casa astrológica de cada carta, o puedes usar cada carta para representar un mes del año y predecir cómo puede ser tu mes.

Dado que la tirada del zodíaco funciona con todas las casas astrológicas, de las cuales hay 12, es una buena tirada para que la utilices cuando sólo busques una idea general de hacia dónde va tu vida. Las 12 casas astrológicas también representan los 12 aspectos diferentes de tu vida. Por lo tanto, si quieres hacer algunas preguntas realmente puntuales como cómo será tu vida amorosa durante el próximo año, esta es una excelente variedad con la que trabajar.

Necesitas saber algunas cosas antes de empezar a trabajar con esta tirada. En primer lugar, hay muchas variaciones del del tarot del zodiaco, y aprenderás una de las más fáciles. Si tienes algún conocimiento de astrología, podría valer la pena investigar las otras formas más complicadas de trabajar con esta tirada.

Otra cosa que debes recordar es que es mejor hacer esta lectura de vez en cuando. En otras palabras, no es algo con lo que trabajes todos los días para planificar tus semanas. Lo mejor sería usar esto para planificar el año, o al menos cada trimestre. También es una excelente opción para trabajar cuando es tu cumpleaños. Si te preocupa cómo se supone que debes recordar las 12 casas astrológicas, lo bueno es que siempre puedes encontrar esta información en Internet. Trabajarás con 12 o 13 cartas para configurar la tirada del tarot del zodíaco. La decisión final depende de ti. Estas cartas se colocarán en un círculo.

Primero, baraja y corta el mazo, y luego pones la primera carta en el extremo izquierdo. Esta carta estará en la posición de las 9 en punto. A continuación, colocará las cartas restantes sobre la mesa o en sentido contrario a las agujas del reloj, colocando una carta por cada hora de su reloj imaginario. Si estás trabajando con una carta número 13, colócala en el centro del círculo que has creado. Es importante conocer la astrología porque debes entender que cada carta representa las diversas casas y signos del zodíaco, empezando por aries.

La primera carta representa el **signo solar**. Tu signo solar es el signo astrológico general sobre el que la gente te pregunta cuando te preguntan cuál es tu signo. Está asociado con la primera casa o la casa del ser. Representa tu personalidad general, cómo ves la vida y te presentas al mundo. Se trata de analizar cómo te ves a ti mismo y cómo te perciben los demás. Esta casa también representa su salud.

La segunda carta representa la **casa del valor y las posesiones**. Demuestra cómo te relacionas con tus finanzas y tus posesiones materiales. Se trata de tu sentido de seguridad en la vida y de cuánto puedes ganar. La segunda carta también tiene que ver con tu autoestima. Te muestra las cosas que más valoras en la vida.

La tercera carta representa la **casa de la comunicación**. Se trata de tu familia y de las demás personas que te rodean, de quién te conoce y a quién conoces. Es importante tener en cuenta que no incluye a tus hijos, cónyuge o padres. Esta tercera carta también se refiere a tu viaje. Si estás trabajando con un tarot, obtener seis espadas en esta ubicación puede mostrar que podrías estar a punto de mudarte a un lugar nuevo. La comunicación y la escritura también están bajo el ámbito de esta tercera carta.

La cuarta carta representa la **casa del hogar y la familia**. Muestra tus relaciones con las personas en el hogar, especialmente con tus hijos y padres. Esta carta es una representación de todos los apegos que has reunido a lo largo de tu vida. Se trata de tus verdaderas raíces y de cómo es la vida doméstica para ti. También tiene que ver con su estabilidad y seguridad emocional, especialmente en lo que respecta a los lazos familiares.

La quinta carta se correlaciona con la **casa de la astrología**, la **casa de la creatividad**. Se trata de las cosas que más te apasionan y de cómo expresas tus emociones físicamente. Esta carta trata sobre los pasatiempos que te gustaría hacer para divertirte y cómo abordas la resolución de problemas. También es bastante informativa sobre el tipo de amante que eres para tu pareja. Con esta carta correlacionada con la casa 5, podrás aprender lo que amas en los demás y lo que te enamora.

La sexta carta es sobre tu trabajo y está asociada con la **casa de servicio**. No solo demuestra lo saludable que eres por dentro, sino que también habla sobre tu cuidado personal, tu higiene personal, la forma en que te alimentas, etc. Esta carta trata sobre cuáles son tus hábitos diarios.

La séptima carta representa tus asociaciones y se correlaciona con la **casa de las relaciones**. Se trata de cómo tratas las relaciones que tienes en tu vida, románticamente o de otra manera. Te permite conocer el tipo de persona que trabajaría mejor contigo, independientemente de tu esfuerzo. Incluso los enemigos son compañeros, así que tenlo en cuenta mientras lees esta carta.

La octava carta representa tus secretos. Está conectada con la **casa de la transformación**, todo sobre todo lo que nadie quiere discutir, como el sexo y la muerte. Esta carta trata sobre lo que otros te dan, como regalos, herencias o ganar un premio o la lotería. Considera lo que esta carta te depara cada vez que quieras tomar una decisión financiera importante. La octava casa es el contenedor de tu fuerza vital y poder sexual. En este contexto, el poder sexual no se trata de hacer el amor, que es el ámbito de la quinta casa, sino que se trata más bien de la principal fuerza motriz de tu vida.

La novena carta está conectada con la **casa del propósito**, que tiene que ver con tu crecimiento personal y tus sueños. Se trata de cómo puedes seguir estirando y expandiendo tu conciencia. Esto incluye viajes, educación superior, filosofía, espiritualidad y religión.

La décima carta representa tu carrera y la **casa del estatus social**. Representa cómo te ves. No se trata de cómo te presentas deliberadamente, ya que esa sería la primera casa, sino de cómo te ven los demás. Se trata de la forma en que haces realidad tus sueños y cumples con las expectativas que tienes de ti mismo. Esta carta tiene que ver con tu carrera y tu posición financiera.

La undécima carta está relacionada con la **casa de las amistades**. Se trata de tus amistades casuales, conexiones sociales, las personas que te conocen y cómo interactúas con ellas. También tiene que ver con la caridad, arrojando luz sobre cómo te sientes acerca de la generosidad y las causas dignas.

La duodécima carta representa tu yo en la sombra. Está correlacionada con la **casa 12 de la astrología, la casa del subconsciente**. A veces es posible que escuches que se refieren a ella de manera ominosa como la **casa de los dolores**, y esto se debe a que está profundamente conectada con los problemas psicológicos que aún no has abordado. Esta casa demuestra las cosas que te agobian y te mantienen despierto por la noche y la prisión autoimpuesta que has creado a tu alrededor a través de tus creencias limitantes. Es una carta que muestra los enemigos que se esconden en su interior y de los que quizás no seas consciente, así como los peligros de los que aún no te has vuelto consciente. Es esta carta la que te mostrará si estás viviendo a la altura del potencial de tu vida o no.

Por último, está la decimotercera carta, que demuestra el tema general de la lectura que estás realizando. Es una carta opcional; Sin embargo, si estás trabajando con ella, te dará aún más claridad sobre de qué se tratan las otras cartas.

Sistemas especializados

Hay mazos y sistemas especializados con los que puedes trabajar para que tu práctica de cartomancia no solo sea avanzada, sino que también te brinde las interpretaciones y lecturas más detalladas de la historia. Ya conoces algunos de estos sistemas, como las cartas de Lenormand, las cartas de Kipper y las cartas del tarot. Sin embargo, puedes incorporar otros sistemas como las piedras rúnicas, la numerología y la astrología. Estas son solo algunas formas de ajustar tus lecturas de cartomancia para obtener un significado más profundo.

Las piedras rúnicas, por ejemplo, son poderosos símbolos antiguos en la adivinación nórdica. Las piedras suelen estar hechas de piedras reales o madera. En cada una, encontrarás un símbolo rúnico grabado en él. Cada símbolo representa diferentes aspectos de la vida y ofrece orientación a su manera. Para interpretar las runas con precisión, debes entender lo que significa cada una y determinar lo que implicarían las distintas combinaciones. Sin embargo, las runas están fuera del alcance de este libro. Pero si aprendieras sobre ellas, serían una maravillosa adición a tu práctica de adivinación con cartas.

Ya has sido testigo a través de la difusión del zodíaco de cómo es posible incorporar la astrología en tus lecturas. Sin embargo, es importante saber que no es necesario usar solo la tirada del zodíaco para los significados astrológicos. Siempre puedes incorporar la astrología asignando varios planetas astrológicos o significados a las cartas.

La numerología también es una excelente manera de hacer que tu sistema de cartomancia sea aún más especializado. Esto ya se ha mencionado en un capítulo anterior, donde también se discutió el significado de los números. Valdría la pena sumergirse aún más en la numerología. No solo puedes usar la numerología trabajando con los números que ya están en las cartas, sino que también puedes trabajar con los números contando o tomando nota de los órdenes en los que se colocaron las cartas en la mesa durante tu lectura.

Cuando mezcles y combines diferentes sistemas de cartomancia y adivinación, encontrarás que los resultados de tus lecturas son poderosos. Esto se debe a que tienes acceso a muchos más símbolos y significados y es imposible no tener una perspectiva más rica de la situación sobre la que estás haciendo preguntas. Puedes combinar diferentes barajas especializadas o comenzar con una tirada de tarot para que puedas entender los temas generales y luego pasar a una baraja de Lenormand para obtener los detalles. No hay reglas estrictas para practicar la cartomancia.

El próximo capítulo explorará los diferentes enfoques de la cartomancia. Al observar estos diferentes enfoques, tendrás una comprensión mucho más profunda de cómo funciona la lectura de cartas para que puedas desarrollar tu propio sistema.

Capítulo diez: Diferentes enfoques de la cartomancia

Hay muchos enfoques que puedes adoptar cuando se trata de cartomancia. No existe tal cosa como el único camino que debes tomar. De hecho, hay tantos enfoques como practicantes de cartomancia. Por lo tanto, no debes sentirte restringido a tomar una sola ruta. En este capítulo, aprenderás sobre los diferentes enfoques con los que puedes trabajar para leer las cartas de manera precisa e intuitiva para ti y las personas que buscan tus servicios.

Se pueden adoptar muchos enfoques para comprender la cartomancia[15]

El enfoque analítico

Cuando lees las cartas utilizando el enfoque analítico, implica que estás tomando lecturas realmente complejas, dividiéndolas para que sean más simples y fáciles de entender. En otras palabras, estás tomando el todo y dividiéndolo en partes más pequeñas, lo que te facilita el uso de la razón y la lógica para interpretar lo que obtienes de las cartas. Estás haciendo un análisis crítico y trabajando sistemáticamente para descubrir su verdadero significado.

Lo primero es analizar las cartas una tras otra. En otras palabras, en lugar de averiguar cómo dos cartas generan un significado completamente nuevo fuera de lo que cada una representa, debes mirar cada carta individualmente. Considerarás los significados tradicionales, lo que la carta significa para ti personalmente y su simbolismo. Fíjate en los colores y las imágenes de la carta para averiguar las impresiones que estás obteniendo de ella a nivel energético.

Trabajar analíticamente significa que también debes considerar las relaciones entre las cartas. Por lo tanto, piensa en qué tan cerca están en términos de posiciones (cuanto más cerca estén las cartas en un tirada, más fuerte será su influencia entre sí). Considera cómo son en términos de orientación. ¿Hay alguna carta que esté invertida junto a otra que esté en posición vertical? ¿Qué carta viene primero? Piensa en las diversas conexiones, oposiciones o patrones que aparecen.

Debes poner en juego la lógica y la razón. Esto significa que usarás el razonamiento deductivo y algo de pensamiento crítico para determinar lo que las combinaciones de cartas están tratando de decirte. Esto no significa que no usarás tu intuición en este enfoque. Sin embargo, dependerás principalmente de tu mente lógica para este proceso.

Debes tener un marco establecido que te permita analizar fácilmente las cartas cada vez. No te saldrás con la tuya por no prestar atención a los detalles cuando elijas el método analítico de cartomancia. Este enfoque consiste en ser lo más objetivo posible a la hora de interpretar las cartas.

Enfoque predictivo

Elegir la ruta predictiva en lugar de la ruta analítica implica que interpretarás las cartas para averiguar qué podría suceder en el futuro con respecto a una determinada situación. También tendrás que trabajar con símbolos porque tienes que interpretar los significados de los símbolos en relación con los posibles resultados futuros. Cada carta tendrá su arquetipo, energía y situación únicos que puedes usar para sacar conclusiones sobre lo que podrías esperar por venir.

Otro elemento importante de este método de enfoque es el tiempo y la progresión de las cosas. Es posible que desees pensar en dónde están las posiciones de las cartas, la astrología, la numerología y otras metodologías para averiguar cuándo sucede algo, qué sucederá y en qué secuencia. Esto te facilita la creación de una línea de tiempo de los posibles eventos que pueden ocurrir.

Al trabajar con un enfoque predictivo, ten en cuenta la probabilidad de que ocurra algo específico sobre otra cosa. En otras palabras, debes considerar que habrá alternativas a tus posibles predicciones futuras. Cuando permites cierta flexibilidad aquí, te da más espacio para predicciones matizadas. Te permite estar mejor preparado para cualquier escenario que se te presente.

Cuando se trabaja con un enfoque predictivo, hay que ser lo más ético posible. En otras palabras, si estás haciendo una lectura para otra persona, debes seguir haciéndole entender al consultante que sus resultados no son necesariamente inamovibles y siempre pueden cambiar. Debes apoyar a quien hace preguntas ayudándole a entender que está a cargo de su destino. No existe tal cosa como algo que esté fijado en piedra con respecto a sus resultados de cartomancia.

Abordaje terapéutico

Puedes trabajar con un enfoque terapéutico cuando quieras utilizar las lecturas para ayudarte a crecer personalmente o reflexionar sobre tu vida. También puedes usarlo como una herramienta de curación. Las cartas pueden ayudarte a comprender lo que está sucediendo con tu salud y bienestar emocional, psicológico y espiritual. Un enfoque terapéutico de la cartomancia tiene como objetivo que seas más consciente de ti mismo, y puede ayudarte con el empoderamiento en esa área.

Este enfoque de la lectura de las cartas implica mucha introspección y autorreflexión. Las cartas actúan como un espejo que te muestra cómo has estado pensando y sintiendo tanto consciente como inconscientemente y cómo todo esto se ha unido para crear la vida que has vivido hasta ahora. Por ello otra cosa a tener en cuenta es que debes explorar tus emociones cuando trabajas con este enfoque. Debes pensar en tus emociones y en lo que las está causando. En otras palabras, las cartas actuarán como una pala para cavar debajo de la superficie y descubrir lo que sea que se encuentre debajo emocionalmente. De esta manera, puedes dejar ir los bloqueos que te impiden experimentar claridad y progreso en la vida.

El enfoque terapéutico también implica que usarás las cartas para ayudarte a sanar cualquier herida que sufras emocional y espiritualmente. Puedes usar las cartas con este enfoque para lidiar con los desafíos y obstáculos en tu camino para sentirte más empoderado y tomar el control de tu vida.

Este enfoque también implica trabajar con símbolos y metáforas. Debes estar en contacto con tu lado empático y compasivo porque es importante no juzgar mientras haces consultas en tu nombre o en el de otra persona. Con este método, puedes establecer tus intenciones y objetivos en función de la información que obtengas de las cartas. Si lo deseas, también puedes integrar este enfoque terapéutico de la cartomancia con otras terapias como la psicoterapia, el asesoramiento o la sanación energética. Todo esto aumentará los resultados que obtengas de tus sesiones de lectura de cartas.

El enfoque narrativo

En cartomancia, el enfoque narrativo implica trabajar con historias para entender lo que dicen las cartas. Como lector, elaborar una narrativa que ofrezca ideas y una guía clara es tu trabajo. Una de las primeras cosas que debes hacer es crear la historia, lo que significa que debes mirar las cartas como si estuvieran tratando de contarte una historia. Debes considerar las cartas como una sola, buscando los personajes, las tramas y otros elementos que normalmente encuentras en una historia.

Otro elemento importante de este enfoque narrativo requiere considerar la secuencia de las cartas en sus colocaciones. Esta secuencia te ofrecerá más comprensión a medida que elaboras la historia, que debe provenir de la intuición. No debes sentir que estás forzando el proceso. A medida que leas las cartas en formato de historia, puedes recurrir a tus experiencias personales para ayudarte a desarrollar su mensaje. Además de tu experiencia personal, debes incorporar arquetipos y simbolismos universales para ofrecer una lectura que capte con precisión los mensajes de las cartas.

El enfoque experimental

La cartomancia es un campo que ha seguido evolucionando con el tiempo. Esto implica que a diario se están elaborando nuevos métodos y tecnologías para aprovechar la lectura de la información de las cartas. Cuando trabajas con el enfoque experimental, significa que debes mantener una mente abierta y receptiva, una que esté dispuesta a pensar fuera de los prejuicios. Significa que debes estar dispuesto a adaptarte a los tiempos. Hoy en día, todo es digital. Por lo tanto, debes estar dispuesto a aceptar que las lecturas digitales pueden ser y de hecho son válidas.

El enfoque experimental de la lectura de cartas significa que debes trabajar con la tecnología para ver cómo puede ayudarte. Esto significa crear herramientas y plataformas digitales a las que su usuario final pueda acceder fácilmente para obtener la información necesaria que busca. La ventaja de trabajar con tecnología es que no es necesario estar presente para que el consultante obtenga una lectura. Si el usuario final de tu plataforma digital está en contacto con su intuición y mantiene la mente abierta, no hay nada de qué preocuparse. Su lectura será tan precisa y útil como la de una sesión de cartomancia tradicional en persona. Naturalmente, las energías del mundo espiritual, que lo impregnan todo, también trabajarán a través de la programación y entregarán el mensaje requerido por el consultante.

Ser un experimentador también implica que debes estar en paz con la creación de nuevas tiradas para abordar situaciones únicas. Claro, te han ofrecido una gran cantidad de formas en las que puedes trabajar con cartas. Sin embargo, eso no significa que no puedas crear tus propias tiradas. Al fin y al cabo, los spreads comunes que se utilizan hoy en día fueron creados por alguien, ¿no? Así que, como cartomante experimental, nada te impide hacer lo tuyo si lo encuentras más eficiente. Debes asegurarte de que estás trabajando con tu intuición para crear la extensión correcta o hacer los cambios correctos en el momento adecuado contextualmente. Por ejemplo, es posible que se te lleve intuitivamente a combinar varios sistemas de forma única, lo que te dará una visión mucho más profunda de lecturas mucho más completas de lo habitual.

La cartomancia experimentalista también implica el trabajo colaborativo. Es posible que tengas que trabajar con otros lectores y profesionales para interpretar las cartas. Esto podría ser beneficioso porque otros lectores pueden tener ciertas piezas del rompecabezas que a ti te pueden haber faltado en tus propias interpretaciones, o pueden ayudarte a ver las cosas bajo una nueva luz que te resulte beneficiosa para tus propias lecturas en el futuro.

Otra cosa interesante con el enfoque experimental de la cartomancia es que puedes trabajar con elementos artísticos para ayudarte a adivinar mejor los mensajes de tu carta. Esto podría incluir el diseño de nuevas formas de cartas que agreguen elementos interesantes a una lectura. Es posible que incluso desee incorporar imágenes y arte performativo, lo cual es posible gracias a las nuevas tecnologías.

Ser capaz de personalizar tu práctica es un principio clave de la cartomancia experimental. En otras palabras, debes crear ciertas rutinas, rituales y metodologías que funcionen para ti en particular en lugar de seguir una prescripción general para este oficio. Cuando personalizas la práctica de esta manera, mejoras tus resultados. Descubrirás que tus lecturas son muy precisas, y rara vez tendrás que preguntarte qué dicen las cartas porque tienes un sistema probado y que funciona.

Por último, está el aspecto inconfundible de la investigación y exploración constantes. Esto significa revisar las viejas formas de hacer las cosas y mirar las tecnologías y metodologías emergentes para crear nuevas y mejores formas de recibir información del reino espiritual a través de las cartas.

Averiguar el enfoque

Supongamos que te preguntas cuál es el mejor enfoque a seguir con respecto a la cartomancia. En ese caso, dependerá de tus creencias sobre el oficio y de tus objetivos y preferencias. Por un lado, debes reflexionar sobre ti mismo. Piensa en las cosas que te interesan y en cuáles son tus puntos fuertes. Reflexiona sobre si eres más un pensador analítico (lo que significa que el enfoque analítico es para ti) o si lo haces mejor con tus sentimientos (lo que podría implicar que deberías ser mejor como un cartomante intuitivo). Supongamos que te inclinas por el trabajo terapéutico y te encanta jugar y experimentar. Eso debería indicarte que te iría bien con una combinación de enfoques terapéuticos y experimentales.

Lo siguiente que debe hacer es familiarizarse con los diversos enfoques. Esto significa que tendrás que leer varios libros, ver videos en YouTube y hacer una investigación intensa para descubrir las diferentes filosofías que rodean a la cartomancia, porque hay muchas. Incluso puedes asistir a talleres y tomar cursos para aprender de personas experimentadas para ver qué es lo que hace flotar tu barco. Este período de exploración te ayudará a determinar las diferentes perspectivas y a desarrollar tu combinación única de enfoques.

Es importante tener en cuenta que habrá una inevitable fase de prueba y error en la que intentará ver qué funciona y qué no. Te ayudará si continúas practicando y tomando nota de lo que funciona para ti. Fíjate en cómo va tu experiencia y en lo conectado que te sientes con las cartas y el proceso de lectura. Presta atención a cuánto más preciso eres cuando usas una metodología sobre otra. Inevitablemente, crearás tu método único de trabajar con las cartas experimentando constantemente de esta manera.

Sería negligente no mencionar que tu intuición será un factor importante aquí. Por lo tanto, siempre debes confiar en la orientación que recibes desde adentro mientras trabajas para determinar tu enfoque. Si sientes que algo anda mal para ti, no dudes en dejarlo. Si funciona, debería ser parte de su arsenal de cartomancia.

Tener a alguien que actúe como tu mentor sería útil. Trabaja con aquellos que tienen más experiencia que tú. Busca comunidades de personas que hagan lo mismo que tú, y te encontrarás mejorando en lo que haces y creando gradualmente un nicho para ti. Ahora bien, ¿qué vas a hacer con toda esta información? La pelota está en su cancha. ¡Que el espíritu te guíe en tu viaje con las cartas!

Conclusión

Finalmente has llegado al final de este libro, y en este punto, deberías saber lo suficiente sobre la cartomancia para comenzar tu viaje. Recuerda que esto es algo que requiere de tu intuición para tomar la iniciativa. Esto significa que debes acercarte a la práctica con confianza y fe. Ten mucha curiosidad y cero expectativas sobre cómo te resultará.

Muchos principiantes caen en la trampa de sentirse frustrados y enojados consigo mismos porque no están obteniendo los resultados que esperaban. No debes desmoralizarte. Este oficio, como cualquier otra habilidad, tomará tiempo aprenderlo. Por lo tanto, ten paciencia contigo mismo y confía en que cuanto más trabajes con tu intuición, al igual que cualquier músculo, más fuerte se volverá.

La cartomancia es una habilidad poderosa que puedes usar para mejorar no solo tu vida, sino también la vida de quienes te rodean. Es un esfuerzo digno del que formar parte, y el hecho de que hayas elegido este libro y lo hayas leído hasta este punto indica que debes ser llamado a practicar este oficio. Siempre que te sientas frustrado por tus resultados, recuerda que no se trata de *si* mejorarás, sino de **cuándo**.

¡No tiene sentido leer este libro si no practicas lo que has aprendido! El hecho de que entiendas cómo funciona algo no significa que seas automáticamente un profesional. De la misma manera, no esperaría ser un conductor profesional simplemente leyendo un libro sobre conducción o viendo un video. Tienes que trabajar tú mismo.

Por lo tanto, debes conseguir tu primer mazo y conocer tus cartas lo antes posible. Cuando las cosas finalmente comiencen a encajar, ¡te preguntarás cómo podrías haber vivido sin consultar las cartas!

Vea más libros escritos por Mari Silva

Su regalo gratuito

¡Gracias por descargar este libro! Si desea aprender más acerca de varios temas de espiritualidad, entonces únase a la comunidad de Mari Silva y obtenga el MP3 de meditación guiada para despertar su tercer ojo. Este MP3 de meditación guiada está diseñado para abrir y fortalecer el tercer ojo para que pueda experimentar un estado superior de conciencia.

https://livetolearn.lpages.co/mari-silva-third-eye-meditation-mp3-spanish/

¡O escanee el código QR!

Referencias

Caldwell, R. (2019). Brief history of cartomancy. Academia.edu. https://www.academia.edu/6477311/Brief_history_of_cartomancy

Cicero, C., & Cicero, S. T. (2011). The Essential Golden Dawn: An Introduction to High Magic. Llewellyn Publications.

Decker, R., Depaulis, T., & Dummett, M. (1996). A Wicked Pack of Cards: The Origins of the Occult Tarot. St. Martin's Press.

Decker, R., & Dummett, M. (2013). The History of the Occult Tarot. Prelude Books.

Dunn, P. (2013). Cartomancy with the Lenormand and the Tarot: Create Meaning and Gain Insight from the Cards. Llewellyn Worldwide.

DuQuette, L.M. (2003). Understanding Aleister Crowley's Thoth Tarot. Weiser Books.

Greer, M. K. (2002). Tarot for Your Self: A Workbook for Personal Transformation. New Page Books.

Huson, P. (2004). Mystical Origins of the Tarot: From Ancient Roots to Modern Usage. Destiny Books.

Katz, M., & Goodwin, T. (2011). Around the Tarot in 78 Days: A Personal Journey Through the Cards. Llewellyn Publications.

Keen. (n.d.). Playing card meanings in cartomancy. Keen Articles. Retrieved from https://www.keen.com/articles/tarot/cartomancy-card-meanings

Kliegman, S. (2011). Cartomancy with the Lenormand and the Tarot: Create Meaning & Gain Insight from the Cards. Llewellyn Publications.

Matthews, C. (2014). The Complete Lenormand Oracle Handbook: Reading the Language and Symbols of the Cards. Destiny Books.

McNutt, A., Crisan, A., & Correll, M. (2020, April). Divining insights: Visual analytics through cartomancy. In Extended Abstracts of the 2020 CHI Conference on Human Factors in Computing Systems.

Moore, J. (2012). Cartomancy – Fortune Telling With Playing Cards (Speed Learning Book 1). Kindle Edition.

Moore, B. (2012). Tarot Spreads: Layouts & Techniques to Empower Your Readings. Llewellyn Worldwide.

Nichols, S. (1980). Jung and Tarot: An archetypal journey. Weiser Books.

Pollack, R. (1997). Seventy-Eight Degrees of Wisdom: A Book of Tarot. Thorsons.

Stackpole, M. A. (2006). Cartomancy: Book Two of The Age of Discovery. Spectra.

Waite, A.E. (1910). The Pictorial Key to the Tarot. Rider & Company

Fuentes de imágenes

[1] https://unsplash.com/photos/7s2ip7OVktg

[2] *Asimzb Editado por Jfitch, CC BY 3.0 <https://creativecommons.org/licenses/by/3.0>, vía Wikimedia Commons: https://commons.wikimedia.org/wiki/File:Playing_cards-Edit1.jpg*

[3] *Foto de Esteban López en Unsplash, https://unsplash.com/fr/photos/carte-a-jouer-dame-de-pique-OfdFHy1zxjQ?utm_content=creditCopyText&utm_medium= referral&utm_source=unsplash*

[4] https://commons.wikimedia.org/wiki/File:1890_German_Lenormand_card.jpg

[5] *Tcg8888, CC BY-SA 4.0 <https://creativecommons.org/licenses/by-sa/4.0>, vía Wikimedia Commons: https://commons.wikimedia.org/wiki/File:Kipper_Cards.jpg*

[6] https://unsplash.com/photos/_MuYSOlPcWc

[7] https://unsplash.com/photos/QdmMWxQXJ2Y

[8] *WolfgangRieger, CC0, vía Wikimedia Commons: https://commons.wikimedia.org/wiki/File:3-Card-Spread.svg*

[9] *WolfgangRieger, CC0, vía Wikimedia Commons: https://commons.wikimedia.org/wiki/File:Celtic_Cross_Spread_-_Waite.svg*

[10] https://unsplash.com/photos/dttmeqFUDSU

[11] https://unsplash.com/photos/GK8FMN7xJXQ?utm_source=unsplash&utm_medium =referral&utm_content=creditShareLink

[12] https://commons.wikimedia.org/wiki/file:print,_playing-card_(bm_1982,U.4598.1-78_09).jpg

[13] https://unsplash.com/photos/j5itdu55fi

[14] https://commons.wikimedia.org/wiki/file:Rus_Tarot_10_wheel_of_fortune.jpg

[15] *Museo de Róterdam, CC BY-SA 3.0 <https://creativecommons.org/licenses/by-sa/3.0>, vía Wikimedia Commons:* https://commons.wikimedia.org/wiki/File:Spel_handgeschreven_kaarten_met_spreuken,_objectnr_32256.JPG

www.ingramcontent.com/pod-product-compliance
Lightning Source LLC
Chambersburg PA
CBHW072152200426
43209CB00052B/1150